U0680617

程 慧 张艺溶 著

打造产业数字化新引擎

数智供应链

人民邮电出版社

北 京

图书在版编目（CIP）数据

数智供应链：打造产业数字化新引擎 / 程慧，张艺
溶著. -- 北京：人民邮电出版社，2023.12
ISBN 978-7-115-62816-9

Ⅰ. ①数… Ⅱ. ①程… ②张… Ⅲ. ①产业经济－转
型经济－数字化－研究－中国 Ⅳ. ①F269.2

中国国家版本馆CIP数据核字(2023)第188263号

内 容 提 要

本书共 10 章，梳理了数智化的基础知识、系统框架和关键技术；详细介绍了数智供应链在全渠
道销售、智能制造、科技创新、如何应对不确定性等方面的实践探索，以及如何以供应链数智化推
动产业转型。书中还介绍了中国移动、华为、京东、联想、吉利、美的、顺丰、邮政等企业探索出
来的实战经验，值得学习与借鉴。

本书适合企业管理者、供应链从业人员、信息行业管理者，以及地方供应链产业链政策制定者
阅读。

◆ 著　　　　程　慧　张艺溶
　　责任编辑　苏　萌
　　责任印制　马振武
◆ 人民邮电出版社出版发行　　北京市丰台区成寿寺路 11 号
　　邮编　100164　　电子邮件　315@ptpress.com.cn
　　网址　https://www.ptpress.com.cn
　　北京天宇星印刷厂印刷
◆ 开本：720×960　1/16
　　印张：16.5　　　　　　　　2023 年 12 月第 1 版
　　字数：209 千字　　　　　　2024 年 9 月北京第 4 次印刷

定价：79.80 元

读者服务热线：(010)53913866　印装质量热线：(010)81055316
反盗版热线：(010)81055315
广告经营许可证：京东市监广登字 20170147 号

供应链管理是对计划、采购、生产、物流与销售等业务活动进行集成管理的过程和方法，是加强企业管理体系和管理能力建设的关键内容，是推动企业高质量发展的必要手段，也是建设世界一流企业的重要基础和保障。

经过20多年的发展，中国移动已经成为全球网络规模最大、客户数量最多的世界级电信运营企业之一。中国移动把握新一轮科技革命和产业变革趋势，顺应信息和能量融合创新的发展大势，进一步明确了"世界一流信息服务科技创新公司"的发展定位，一体构建新型信息基础设施、新型信息服务体系，推动公司数智化转型、高质量发展。我们深深体会到，供应链是企业战略转型的"底座"。这些年，中国移动持续推进管理能力现代化、加快建设世界一流供应链管理体系、增强企业核心竞争力，且连续多年在央企采购管理提升对标中取得优异成绩，入选国家首批"供应链创新与应用示范企业"，还荣获了国际采购领域权威组织的多项荣誉。

着力提升供应链产业链韧性和安全水平是构建新发展格局的基础，是增强维护国家安全能力的重要组成部分。中国移动始终坚持把供应链管理工作融入党和国家大局去统筹谋划、担当作为。中国移动以生态构建带动产业链上下游企业紧密合作，健全多元供应体系；通过集采政策的引导，建立核心部件的测试、生态的适配，培育新的产业生态，不断增强产业链韧性和竞争力；当好产业基础能力的支撑者，共同突破芯片、基础软件瓶颈。

中国移动结合公司创世界一流"力量大厦"的战略部署，充分利用人工智能、大数据、区块链等信息技术实现智慧运营，高效整合上下游资源构建协同创新的产业生态，共同应对供应链风险和挑战，推动由"招标采购"向"供应链管理"、由"交易型采购"向"战略生态构建"、由"集中管控"向"价值提升"、由"职能驱动"向"数智创新"的"四个转型"，以集约化、规范化、专业化、协同化、数智化"五化"为工作主线，以打造"合规护航、价值提升、敏捷柔性、生态协同、智慧运营、组织能力"六大工程为实现路径，推动供应链管理工作的高质量发展与数智化转型升级，助力公司实现创世界一流企业的战略目标。

程慧同志从事供应链管理工作多年，善于用文字记录学习、工作，将思考、总结提炼成册，这是其出版的第八本专著。此次她将对供应链数智化转型的学习、实践和思考娓娓道来，并从供应链切入产业链，以生态思维来看数智化转型。

整本书逻辑框架完整清晰，文笔平实，又不失对行业的独特思考，为读者提供了清晰的、可落地的参考架构和协同策略，是一本可以帮助读者快速了解数智供应链的图书。书中还介绍了中国移动、华为、联想、京东、吉利、美的、顺丰、邮政等企业探索出来的实战经验，也是非常值得对标学习与借鉴的。

中国移动通信集团有限公司副总经理

李慧镝

2023 年 6 月

序二

　　我的同事程慧女士的新作即将问世，嘱我做序言，感动于她在供应链领域的积极探索与不断实践，我不揣浅陋，欣然从命。

　　供应链和供应链管理是一个既古老又现代的课题，既是一项工作，也是一种理念。对这一课题的深入探讨，可以让人更加深刻地认识企业价值创造的过程，促进企业提升效率、降低成本，帮助企业获取最大效益和长期竞争优势。

　　供应链是在企业通过采购、生产制造、销售等一系列环节将最终产品交付给客户这一过程中所涉及的企业或企业部门所组成的网链结构，是一种表现为信息流、资金流和物流的工作流。而供应链管理，就是在认识和掌握了供应链各环节内在规律和相互联系的基础上，对信息流、资金流和物流进行合理调控，将链中各环节进行充分连接和紧密协同，使信息流、资金流和物流在链中能够顺畅、经济、高效地流动以达到最佳组合，使整个工作流形成一个有机整体，达成以最优的成本满足客户需求的目的。

　　在当前的竞争环境下，企业面对的是一个变化迅速且难以预测的买方市场，消费者需求日趋主体化、个性化和多样化，产品的更新换代、技术迭代周期越来越短，这些都对企业的供应链管理提出了更高的要求，供应链对于企业的经营管理的重要性和作用也愈发凸显。现代企业之间的竞争在某种程度上已经变成了供应链与供应链之间的竞争，供应链管理已经成为企业普遍关注的焦点。

　　供应链管理最终是服务于企业发展的，不同企业的资源禀赋、客户需求和发展阶段不尽相同，企业的发展战略也不相同，不同企业的供应链管理策略也必然不同。供应链管理的实施，一方面需要企业根据自身需求选择合适的策略，设计与企业发展相匹配的供应链模式，另一方面更有赖于供应链中各环节和单位在企业经营实践活动中的不断探索，充分磨合，各环节间进行系统的、战略性的协调，在实践中形成适合企业自身的供应链管理策略。

随着信息技术和数据分析的飞速发展，供应链从传统的线性和分散式管理模式转向了基于数据驱动的智能化决策和协作，构建数智化的精益供应链体系成为大势所趋。数智化技术手段的应用，可以打破数据壁垒和连接信息孤岛，实现端到端的打通，赋能供应链形成精准可靠的方案，极大地提升业务协作、决策制定和风险管理能力。

在本书中，作者梳理了供应链发展的历程，对重点领域的供应链转型发展进行了深入探讨，详细阐述了供应链与现代产业之间的关联关系，勾勒出了供应链发展的全景图，为供应链的研究和从业人员提供了很好的思路，也为探索数智化如何赋能供应链提供了宝贵的经验，相信各位读者从中能够得到很好的借鉴和启发。

"惟日孜孜，无敢逸豫"，多年来，程慧女士在移动通信领域积极思考、沉淀，成果颇丰，本书是其又一力作，字里行间充满了她的智慧和诚意，希望这本书能与每一位读者碰撞出更多的思想火花，凝聚更多前行的力量。

中国移动通信集团终端有限公司副总经理

张朝晖

2023年6月

序三

程慧的《数智供应链：打造产业数字化新引擎》，是一本应时而做、颇具价值的供应链管理的书。

2022年11月，程慧给我打电话，说她正在写一本供应链的书，征询我的意见。她这种进取、勇于挑战的精神，让我非常感动。那时候她已经出版了7本书，在创作、写书方面已经很有经验了，即使如此，她还是很谦逊地向我请教。一个人好学如斯，想不成事也很难。

这是一本应时而做的书，这是一本普及供应链知识的书。

中国人做事，最讲究天时、地利、人和，天时就是时机或者机遇，供应链机遇是中国发展的重要战略机遇。

供应链对中国来说太重要了。从某种角度来看，中国近30年的快速发展，产业供应链的转移功不可没。

供应链已经是国家的一项重要战略。供应链越重要，普及供应链知识就越有价值和意义。普及供应链知识，普及供应链理论，普及供应链做法，帮助企业了解供应链，做好供应链，是本书的初衷和重要价值。

这是一本通俗有趣的书。

在一般人看来，供应链可以赚钱，这是个好事，值得好好做，但是，一翻开供应链的书，不是枯燥乏味，就是晦涩难懂。本书却是既通俗易懂又妙趣横生，有理论、有模型、有案例、有故事。专业人士可以好好学学理论、看看模型、研读案例；非专业人士可以学学知识、看看故事，学着不累，看着有趣。

事因难能，所以可贵，供应链是生意，是管理，也是技术，做好了收获很大，要做好又很不容易，所以，要多读书、多实践。

程慧的《数智供应链：打造产业数字化新引擎》，给读者展开一幅供应链的画卷，读者必会开卷有益。

北京和君咨询有限公司合伙人

孔令华

2023 年 5 月

前言

产业链供应链，正在以前所未有的重要地位，被频繁地提及。

对企业而言，这是风口，更是命脉。成本效益、生产效率、品质控制、风险管理无一不系于此。同时，产业链供应链也已上升为国家战略。中国共产党第二十次全国代表大会报告明确提出"着力提升产业链供应链韧性和安全水平"，说明其对于维护国家经济安全、加快构建新发展格局、着力推动高质量发展，都具有重大战略意义。

数智化正在重塑产业链供应链。市面上关于数智化转型的书籍颇有一些，但几乎没有从以数智化为主业的运营商的角度撰写的。作为在运营商产业链供应链一线的员工，我将自己近年来的亲身经历与实践、学习与思考，沉淀于本书，期望能让大家深入了解数智化转型对组织竞争力和可持续发展的积极影响，以及提供一种新的思考方式——从供应链切入产业链，以产业链生态思维来看数智化转型。我们尽可能用平实易懂的语言和通俗有趣的案例，讲好产业链供应链的故事。

全书共10章，第1章至第4章梳理数智化的基础知识、系统框架和关键技术。第5章至第9章详细介绍数智供应链在全渠道销售、智能制造、科技创新、如何应对不确定性等方面的实践探索，以及如何以供应链数智化推动产业转型。第10章展望了建设现代化产业体系之路。

这是我和张艺溶老师合作的第一本书。我们共同进行了广泛的调研，足迹遍布中国的多个省份。她受过的专业研究训练使她无论是在企业、会场，还是在乡村社区，都能进行敏锐的观察和深入的访谈，收集到珍贵的资料，并能以社会工作的视角审视、理解产业现象，为本书带来很多新颖的观点。同时，她也对大量资料进行了细致的校对工作，为我承担了许多与出版社的沟通、修正任务。

感谢行业内领导、专家为本书作序。感谢中国移动通信集团有限公司供应链管理中心、中国移动通信集团终端有限公司为本书的创作提供宝贵的素材。

最后，本书从大纲拟定、初稿完成到最终定稿无不凝聚着人民邮电出版社编辑的鼓励和支持。他们认真严谨的工作态度激励着我和张艺溶老师一起学习与提升，在此一并表示深切的谢意。

信息涌动如潮海，愿书中点滴言语，能助你前行路更宽。

程慧

2023 年春节

第 1 章

01

重新认识供应链

基于好产品与好供应链的结合，

企业才能发展，

这正是供应链的价值和责任所在。

我们可以从库存这个小视角来看看实体经济在需求、物流、生产等环节上的供应链升级。物流和供应链作为实体经济的一部分，一直是各行各业的"刚需"。供应链经过数智化升级后，有了新的库存管理方法，很多企业面对的库存、运输等难题都得到了解决。这也是大方向下"数实融合"的最佳体现。

新的商业模式重构生产体系中产品流、信息流、资金流的运行模式，生产效率更高，形成了新的产业价值链、生态系统和竞争格局。

1.1 从1到 *N*

供应链，顾名思义就是一串连接着供给方和需求方的链条。从古至今，我们时刻身处于这一链条当中。千年之间，其涵义多次演进。

最初，其以物流形态出现。

唐代高适在《陈留郡上源新驿记》中提过周时邮传，"周官行夫，掌邦国传遽之事，施于政者，盖有章焉"，其中的"遽"即驿车。再到隋唐宋时，邮驿更盛。当时的邮驿，除了传递紧急文书，还兼理人员接待、物资运输，其中大家熟知的一句"一骑红尘妃子笑，无人知是荔枝来"，便是唐玄宗专门修建了一条运送荔枝的特快专递的物流渠道，将荔枝从四川一带快马加鞭地运送到长安。

20世纪末，供应链作为一个企业管理概念被正式提出。

1996年，学者瑞特（Reiter）首次阐述了供应链的定义：供应链是一个实体的网络，这一网络将产品和服务传递到特定的顾客市场。彼时，亚当·斯密的"斯密分工论"极大地影响着西方经济学的发展。企业家们发现，社会分工的深化极大地降低了产品生产成本，但交易却变得更频繁，交易成本也增加了。因此，他们将关注点从企业内部的纵向发展转至横向的资源整合，通过优化流程取得优势。

简单的供应链只有一层关系 —— 一个客户和一个供应商；复杂的供应链

则包括多重客户、多重供应商，从而有一级供应商、二级供应商，以及直接客户、最终客户。通常，在每条供应链中都有一个核心企业（比如产品制造企业或大型零售企业）。链上企业通过供应链的职能分工与合作（如寻源、生产、分销、零售等），实现整条供应链的不断增值。

以苹果公司发布 iPhone 14 为例。就生产环节来说，富士康为苹果公司生产手机，是苹果的直接供应商（一级供应商）；台积电、三星向富士康供应半导体芯片，是富士康的直接供应商、苹果的二级供应商；向台积电和三星提供半导体制程设备的是台积电、三星的直接供应商，富士康的二级供应商，苹果的三级供应商。到销售环节，苹果是厂商，供货给电信运营商，电信运营商再分给自己的线上线下渠道，最后，iPhone 14 到达用户手上。

随着链条的延长，如何厘清、连接、整合上下游多方利益体的复杂生产活动和利益输送？供应链管理这门学问便应运而生。

供应链管理是对供应链涉及的全部活动进行规划、组织、协调与控制。它是由采购、运营和物流这 3 个传统的执行职能向两端延伸发展而来的。

在实践中，不同行业、不同企业对供应链管理的理解略有不同，会设置不同名称的部门来承接这一职能。例如，很多企业会设置供应链运营部，其通常是把采购、运营和物流这 3 个职能集中到一起。又如，轻资产运作的企业，采购是供应链的"重头戏"，因此是在采购职能的基础上，延伸到运营职能和物流职能，成为供应链职能。再如，运营能力较强的企业，运营职能向两端延伸，覆盖采购职能和物流职能，成为供应链职能，这就是为什么在有些企业中，供应链运营隶属于全球运营部。以物流配送为核心业务的企业，其供应链职能是在物流的基础上发展而来的，物流人员是供应链的主角，从而产生了供应链物流的叫法，国内的顺丰速运就是典型的例子。

不管如何理解，供应链管理的基本思想都在强调集成的管理方法，对供应链上的各个环节进行有机结合，以期实现最高的整体效率、最多的利润。

21世纪，分工进一步细化，供应链呈现出更为复杂的网链结构，被国家作为愈发重要的经济模式、组织形态，并与新一代信息技术深度融合。

在国家标准 GB/T 25103—2010《供应链管理业务参考模型》里，把供应链定义为：供应链是围绕核心企业，通过对信息流、物流、资金流、商流的控制，从采购原材料开始，到制成中间产品、最终产品，直至由销售网络把产品和服务送到消费者手中的流程，是将供应商、制造商、分销商、零售商，直到最终客户连成一个网链结构。

在国务院办公厅印发的《关于积极推进供应链创新与应用的指导意见》中指出，供应链是以客户需求为导向，以提高质量和效率为目标，以整合资源为手段，实现产品设计、采购、生产、销售、服务等全过程高效协同的组织形态。并提出，随着信息技术的发展，供应链已发展到与互联网、物联网（IoT）深度融合的智慧供应链新阶段。

结合上述定义，可以提炼出以下几个关键点。

客户需求：以实现客户需求为目的。

纵向三流：产品流、信息流、资金流。

协同：对内，与研发部门、市场部门协同，实现产品从0到1，再从1到 N 的转换及高效率、低成本交付。对外，与上下游企业协同，实现利益共享、风险共担。

供应链最重要的作用是：完成从1到 N 的复制。

以苹果公司的发展为例。史蒂夫·乔布斯（Steve Jobs）是一位天才的企业家和创新者，他有着鲜明的性格和经营理念，带领着由他创立的苹果公司，用数款产品对这个世界产生了巨大的影响。2007年，苹果发布了领先市场的 iPhone，从此世界进入了智能手机时代，移动操作系统 iOS 对移动领域用户界面（UI）的指导性、App Store 对应用商城的开创性，至今还对行业产生巨大影响；iPhone 的手机材质和外观设计，更是值得其他厂商学习。甚至如果没有乔布斯，大概都不会有现在形式的产品发布会。作为一个营销高手，乔布斯关于麦金塔计算机的发布，为后来所有的技术和产品设立了一个发布会"标杆"——一个企业领导者演讲和产品的盛大发布。

但对于一个企业来说，这些还远远不够。从商业角度来看，即使能开发出足够优秀的产品，但如果供应链运营是短板（成本不够低，交付不够快），那么企业也未必能获得足够的收益。

乔布斯 1985 年离开苹果时，苹果的股价走势没有跑过纳斯达克大盘。离开苹果后，乔布斯创立了 NeXt，开发出一款计算机，以标志性的立方体形状的黑色底盘而闻名，产品销量一般，后来该公司被苹果公司收购。

之后，乔布斯遇到了库克。库克在 IBM、康柏历练多年，深知如何管理供应链。苹果公司的飞速发展，是从乔布斯和库克这对黄金搭档开始的：乔布斯不断对产品进行创新，从 0 到 1；库克负责管理供应链，从 1 到 N，低成本、快速地复制，将产品与用户精准匹配、准确交付。

苹果的成功，既是产品创新的成果，也是供应链对公司价值的完美体现。企业的发展，不仅依赖于好产品（技术），也依赖于好供应链，即以合适的生产速度和生产成本生产优质的产品，并交付到用户手上。

2023 年 5 月，Gartner 公布"全球供应链 Top 25"榜单，以及"供应链大师奖"名单，苹果仍在名单中 [1]。

基于好产品与好供应链的结合，企业才能发展，这正是供应链的价值和责任所在。

---

[1]　Gartner 从 2015 年起单独设立"供应链大师奖"名单。大师（Masters）级指的是在过去 10 年中，至少有 7 年的得分进入前 5 名的公司。苹果 2023 年仍处于"大师"级行列。

1.2 产品流、信息流和资金流

如果纵向切分供应链，将得到产品流、信息流和资金流。供应链管理就是针对上述"三流"的集成管理。

华为于2022年发布了 HUAWEI Mate 50。从要素角度看，手机里的芯片、显示屏、摄像头、电池等100多个零部件来自各层级的原材料供应商、元器件生产商、组装制造厂；下游有各层级的批发商、经销商；中间还有提供运输、仓储服务的物流服务商 —— 从原材料供应商到达模组生产商，到达组装制造厂，再到达专卖店，最后送到消费者的手上，这是一个比较完整的供应链流程。

从"三流"角度看，就是产品从供应商流向客户，再由客户流向客户的客户，资金按照相反方向流动，而信息则是双向流动的。

1.产品流

产品流是产品的物理流动，涉及采购、生产、仓储、运输等环节。其管理重点是以最经济、有效的方式采购、制造、运输和销售产品。产品流从供应商向客户流动，是供应链的实物流，如果是从客户向供应商流动，则被称为逆向物流。

从概念上来说，物流是产品流的重要组成部分，但又不是产品流的全部。物流本身并不对产品进行增值。而产品流还包括产品增值的生产过程，例如在生产企业内，设备布局、工艺流程等都属于产品流的范畴。

2. 信息流

信息流与产品流、资金流"结伴而行"，信息流双面流通，可以说是供应链的"神经系统"，支配着产品流和资金流。

当用户反映："我的包裹丢了。"通常说的不是实物消失了——包裹在某一个地方，而是信息流不知道包裹现在在哪里。用户要寄一个包裹，包裹的流动形成产品流，填写的数据则形成信息流。

信息流的另一个重要作用是供应链的透明化，即可视化，要知道在供应链中，产品具体在哪个环节，数量有多少，下一个环节是哪里。不管是条形码还是射频识别（RFID），数字技术在供应链中的大量应用的重要目的就是增加供应链的透明度，通过改善信息流来提高供应链的效率。

3. 资金流

资金流是"盘活"供应链的关键。20世纪90年代，典型的"三角债"，即甲企业欠乙企业的债，乙企业欠丙企业的债，丙企业欠甲企业的债，最终形成一个无解的死循环，这实质是供应链的资金流出现了问题。

付款条件，也是资金流设计的一部分。比如作为供应链主要企业，可以约定是直接向二级供应商付款，还是通过一级供应商向二级供应商付款。当供应链主要企业担心一级供应商可能出现财务问题时，可以自己直接向二级供应商付款；或设定一定条件后要求一级供应商付款并强制向下游企业支付。

要对"三流"进行集成，即必须将产品流、信息流和资金流作为一个整体来看待。"集成"或许是供应链管理中最常用的两个字。但在实践中，"三流"通常不会完全同步。

近年来，市场出现了很多新零售模式。

比如无人零售。在2017年的第二届淘宝造物节上，阿里巴巴推出了线下无人零售店"淘咖啡"。"淘咖啡"是一个占地200m²的线下实体店样板，消费者在首次进店时打开"手机淘宝"，扫码获取电子入场码，签订数据使用、隐私保护声明、支付宝代扣协议等条款，然后通过闸机，开始购物。消费者在购物完成后，离店前需要经过一道"结算门"（阿里巴巴称其为"剁手门"），"结算门"感应到消费者的离店需求，并在支付宝完成扣款。一旁的提示器会通知消费者，"支付宝共计扣款××元"。

在餐饮部分，"淘咖啡"提供购买咖啡、甜品的服务，消费者通过语音点餐，下单需求被语音识别系统捕捉，并进行下单；当消费者用语音（回答"确认"）确认后，相应款项就会自动从消费者的支付宝账户中扣除。所有下单的消费者和他们的下单信息都会被投射到一块提示屏上，并且伴有相应的取餐时间提示。

除在首次进店时需要打开"手机淘宝"外，消费者全程不用再拿出手机；购物、结算"一条龙服务"全部自动完成，实现"即拿即走"的购物体验。

在这之前，亚马逊推出了线下无人便利店Amazon Go。消费者在手机上安装亚马逊的App，然后在进入Amazon Go购物时打开App，并登录自己的账号，Amazon Go会在入口处对消费者进行人脸识别，确认消费者身份。Amazon Go通过感知人与货架之间的相对位置和货架上的商品移动，来计算是哪位消费者拿走了哪件商品。选购结束后，消费者无须另外结账，实现"即买即走"。

在"无人零售"的过程中，设置在货架上的摄像头、红外传感器、压力感应装置（确认哪些商品被取走）及负荷传感器（记录哪些商品被放回原处）等实现对消费者购买商品的商品数据记录，信息流实时跟随产品流；店内安装的摄像头检测消费者及其方位，再根据图像及音频分析消费者的位置，实现开放空间内的消费者识别，以及消费者购物账号的绑定，并在购物过程中自动在消费者的账户上结算出相应的购物金额，产品流、信息流、资金流集成，完成购物。

新的商业模式重构生产体系中产品流、信息流、资金流的运行模式，生产效率更高，形成了新的产业价值链、生态系统和竞争格局。

1.3 库存

在《创京东》一书中有一个细节：高瓴集团的张磊找到马化腾，撮合腾讯和他投资的京东进行合作，以"对抗"阿里巴巴。双方是怎么达成合作的呢？说服京东的是"移动"二字，说服腾讯的是"库存"二字。

"库存"既是互联网产品和实体产品之间的最大不同，也是供应链的关键所在。腾讯虽然非常成功，但更擅长运营的是微信、QQ空间等虚拟产品，以及平台运营。"库存"则是真实存在的东西，要进行库存盘点、保证账实相符，以及防止被偷、被贪污、被损耗，还要关注保质期。

中国共产党第十九届中央委员会第五次全体会议通过了《中共中央关于制定国民经济和社会发展第十四个五年规划和二〇三五年远景目标的建议》，其中的第4部分是"加快发展现代产业体系，推动经济体系优化升级"，提出"坚持把发展经济着力点放在实体经济上"。中国共产党第二十次全国代表大会报告中又在"加快构建新发展格局，着力推动高质量发展"这一章节中强调了这一点，提出"建设现代化产业体系。坚持把发展经济的着力点放在实体经济上……"

本书从库存这一小视角，来看实体经济在需求、物流、生产等环节上的供应链升级。

2021 年，终端行业曾经出现过一种现象 —— 产品供不应求，且持续了很长一段时间。

于是厂商和电信运营商开始了博弈。电信运营商报给厂商的订单数量，通常会大于其实际需求量，以期厂商能够多供应一些产品。比如电信运营商的需求量是 100 万个，向厂商报 100 万个的订单，厂商表示无法全部提供，只能先提供 50% 的货物，即 50 万个；下次电信运营商的需求量还是 100 万，则会向厂商报 200 万个的订单数量，希望厂商提供 50% 的货物后，能满足需求；如果这时候，厂商只能保证提供 30% 的货物，那么下次尽管电信运营商的实际需求量还是 100 万个，但报给厂商的订单量就可能是 300 万个了。

这会导致厂商错误地评估市场需求，按照订单量来制订产能计划和库存计划，从而过量生产。随着市场供需渐趋平衡，有些订单会被取消，从而导致供应商库存过剩，也会使供应商更难判断市场需求变化的趋势。

上述例子还只是在电信运营商能够准确预测自身需求的条件下进行的。在实际工作中，在从地级市公司到省公司再到集团总部的需求搜集中，每个环节都有可能放大实际需求。凡是经过人手的数据，就有可能被加工。以此类推，每个层级都会增加一定的 buffer（冗余量），使供应链各节点库存逐级放大，最终，最上级的供应商得到的将是不真实的需求量。

不止终端行业，铝冶炼、钢铁、水泥、多晶硅等行业其实也一样。供应链各个环节的企业在预测需求时，都会包括一定的安全库存或富余系数。所有的需求短缺，最后都会以库存过剩结束。在供应链的后端，越远离最终消费者，越难以掌握真实的需求量。

在供应链上，这被称为牛鞭效应。牛鞭效应是在供应链中常常被提到的概念。当信息流从最终客户到上游供应商时，经过多环节传递，信息误差和原信息越来越大。从鞭头到鞭梢，抖动的幅度不断增大。

牛鞭效应的主要成因是信息不对称。比如采购方所获得的信息，供应商未获得；供应商所获得的信息，采购方未获得。销售与产品间存在信息差，产品与采购间存在信息差，于是有了供应链上的供给不匹配。当市场需求增加时，供应商往往无法支持制造商，于是供不上货。通常，要么通过增加库存、产能（不匹配的产能在某种意义上也是库存）来应对，要么通过填平信息差来解决。

采用增加库存、产能来解决时，因市场需求放缓，可能存在信息不对称的现象，供应商可能会继续过量生产，从而造成库存积压，产生经济损失，甚至有可能影响正常运作。

显然，用"信息代替库存"是成本更低的解决方案。山姆·沃尔顿（Sam Walton）有一句名言："人们以为我们（企业规模）'变大'，是因为我们在小镇上建大店；实质上，我们（企业规模）'变大'是因为我们拿信息换库存。"

库存积压的解决方案，就是从信息共享着手，消除信息不对称。

沃尔玛推的协作计划、预测和补货方法（CPFR），是一种协同式的供应链库存管理方法。在实施 CPFR 之前，沃尔玛每卖出一瓶水，销售数据都需要先在公司内部层层汇总，再向供应商提供。而在实施 CPFR 之后，沃尔玛每卖出一瓶水，供应商能立刻得到相关数据，从而能够更好地制订生产计划和补货计划；反之，沃尔玛也能看到供应商的实时库存。由此，供应商在提高响应速度的同时，减少了供应链的库存和成本。

美的开发了一个名为"美的通"的 App，把自己的信息平台共享给核心供应商。供应商可以看到美的接收的订单、美的的生产排期、美的对某种原材料的需求情况和时间限制；同时，美的也能看见供应商的库存数据和供货成本。

在实践中可能会有人质疑，沃尔玛、美的这样有能力和足够的资金进行"大变革"的企业毕竟是少数。其实在操作层面，还是有一些简易且能提高效率的措施的。

比如，一级供应商向二级供应商提供需求预测时，往往会拔高预测造成牛鞭效应。那么采购方就可以给二级供应商提供需求预测，同时让二级供应商也能看到向一级供应商提供的需求预测。这样，大家都在同一个预测数据下运作，就能降低牛鞭效应的影响。

笔者曾经到一个企业参观访问，该企业有一个内部采购网站，供应商、企业员工都能使用。二级供应商向内部采购网站键入自己供货的相应零件号，就能看采购方向一级供应商提供的需求量预测。如果企业没有自建采购网站，那么也可以使用 Excel 表格、E-mail。重要的是认知，以及积极解决问题的心态。

理解需求预测这一环节后，就要加快物流运送速度。传统的零售常因为物流速度太慢而通过增大库存以保证产品流通，但这种做法容易提高供应链整体风险。

在 2017 年 5 月 22 日召开的全球智慧物流高峰论坛上，阿里巴巴的马云表示，菜鸟网络的第一责任不是提升物流配送速度，这是快递企业要考虑的问题。菜鸟网络最重要的目的是帮助中小企业消灭积压库存，从而提高实体经济效率。马云甚至说，如果商品能瞬间送达，就可以消灭库存。不论是否能消灭库存，但物流时间每缩短一天，仓库周转效率确实能得到提高，库存总量就会减少。

再看供应链上游，是不是可以通过更精确、更快速地生产来解决库存积压问题呢？

世界著名科技杂志《连线》原主编克里斯·安德森（Chris Anderson），分别于 2006 年和 2009 年提出了"长尾理论"和"免费模式"。这两种理论成功地预测了现代商业的发展方向，对科技产业的发展产生了非常大的影响。

"长尾理论"提出，过去被认为是边缘化的小众产品，如果在适当的条件下得到累积，也可以达到能够与主流热门商品相匹敌的数量。

在互联网时代，由于关注的成本大大降低，因此那些个性化的小众需求确实有了更多的机会可以得到满足。韩都衣舍采用买手小组负责制，每个小组有3~5人，根据每组的毛利润、库存等计算提成。同时通过"内部赛马"机制，将运费、首页广告位费用等所有成本都计入成本核算。这是大家比较熟悉的阿米巴经营模式。而支持阿米巴经营模式的是服装的"小批量，短周期"柔性生产。

红领集团的"C2M（从消费者到生产者）模式"，也是一种新的智能生产模式。在用户定制下单后，工厂在几天内将产品生产出来。

在"工业4.0"时代，3D打印的应用使下单、生产、配送一体化成为可能。比如，消费者要购买一个可穿戴式的手环，下单后，物流车可以在配送路上使用3D打印技术生产一个产品，直接送达消费者家里。

物流和供应链作为实体经济的一部分，一直是各行各业的"刚需"。供应链经过数智化升级后，有了新的库存管理方法，很多企业面对的库存、运输等难题都得到了解决。这也是大方向下"数实融合"的最佳体现。当然，随着全球不确定性因素增加，供应链正从效率型向安全稳定型深度调整。着力提升产业链、供应链的韧性和安全水平，是构建新发展格局的基础，是增强维护国家安全能力的重要组成部分。这部分内容将在后面的章节中展开阐述。

1.4 SCOR模型

行业内，通常用供应链运作参考模型（SCOR）来作为诊断供应链的管理工具。

模型是对客观事物或现象的一种描述。在分析事务的内部规律时，可根据理论推导、对观测数据的分析及实践经验，设计一种模型来代表所研究的对象。模型，略去了枝节，反映了被研究对象是最本质的东西。

SCOR模型以本企业为核心，包括供应链上下游的所有供应商及客户。SCOR模型提供了一个端到端的全流程贯通的供应链解决方案，而且"最终使用者"是供应链关注的终极对象。因此，"客户的客户""供应商的供应商"都属于被研究的对象。

在使用模型的时候，建议进行相关思考，该模型诞生于什么年代？该模型适用于什么样的环境？现在的时代有什么变化？模型还可以改进吗？要如何优化模型才能跟上时代发展？

在工业界，以CPIM/CLTD/CSCP（分别面向生产与库存管理、物流管理和供应链管理）为代表的个人供应链管理认证和以SCOR模型为代表的企业供应链管理框架，在全球范围内得到了大量的应用和实践。

两者现在都属于美国管理与生产协会（APICS）的知识产权。SCOR模型最早是由国际供应链协会（SCC）在1996年提出的。原国际供应链协会在2014年被并入 APICS，2019年更名为供应链管理协会（ASCM）。

可以从几个数字来诠释 SCOR 模型。

第一个数字是3，3个主体，即企业、供应商、客户。3个主体可以继续向两端延伸，比如供应商往上游延伸，是供应商的供应商；客户往下游延伸，是客户的客户。

第二个数字是4，4个 P，分别表示 People（人员）、Process（流程）、Performace（绩效）、Practice（实践）。

People（skill）——人员（技能），执行供应链流程所需的人员（技能）的标准定义。

Process——流程，管理流程和流程关系的标准描述。

Performance（metrics）——绩效（指标），描述过程性能和定义战略目标的标准度量。

Practice——实践，能够显著提高过程性能的管理。

在"4P"里，流程和绩效是主要内容，且流程和绩效都是分层的。分层即从笼统的、概念性的逐渐分解成具体的、执行层的。流程可分为4层，分别是最高层、配置层、元素层和实施层，而且不同层级之间是有关联和逻辑关系的。

第三个数字是5，SCOR 模型建立在5个基本流程之上：Plan（计划）、Scoure（采购）、Make（制造）、Deliver（交付）、Return（退货）。流程是 SCOR 模型的核心分析内容和规划内容之一，整个 SCOR 模型其实就是围绕着流程层层展开的。

计划：有效的供应链管理始于计划，它会覆盖所有流程，所以计划是 SCOR 模型中的第一个流程。计划指对"需求和供应"的一系列供应链活动的规划，整个过程包括确定资源、需求和建立流程的沟通链，以确保它符合企业的业务目标，包括搜集客户需求信息，提供可供应的资源，平衡客户需求和资源供应，找出客户需求与资源供应之间的差异，并通过制定策略和行动方案来缩小这一差异，解决供应短缺问题。

采购：Source 是"来源、源头"的意思。在将产品或服务销售给客户之前，需要从供应商那里进行购买，这个过程就是采购或是寻源。寻源过程包括获得产品和服务，以满足计划或实际的市场需求。前者是各种直接用于制造产品的原料或零部件，后者通常是间接使用在产品制造中的，如保安、保洁和第三方物流服务等。

制造：有两种类型的企业都在 SCOR 模型的框架之中，一种企业是制造型企业，生产有形的商品；另一种企业是服务型企业，提供无形的服务。零售业提供产品销售的渠道，餐饮业供应美食，服务业为客户提供体验，各行各业都在进行"制造"。只要提供商品或服务，就会有相关的流程。

交付：是指按照客户需求，安排交付时间、数量，建立仓储机制，安排运输人员提货或送货到客户手中，建立收发货及收付款系统的活动。交付不只是"物流"，满足计划或实际市场需求的任何交付过程都属于这一类，包括订单、运输和分销管理等。

退货：这是供应链的售后处理环节，是指从客户端到企业端的逆向流程和体系，包括接收客户退回的不良品或多余产品，对不良品进行处理，并在客户使用产品出现问题时提供支持和服务。

在实践中，首先需要理解 SCOR 模型的本质。SCOR 模型将业务流程、绩效指标、企业实践和人员技能链接到一个统一的、跨功能的系统框架中。SCOR 模型用来评估企业的供应链运作的表现，在一个行业通用框架下，发现低效率或差距，准确地交流供应链问题，确定性能改进的目标。

第1步，通过SCOR模型的第一层绩效指标，可以从宏观角度发现供应链的问题，通过对绩效指标的不断分解，进一步找到这个问题的根源所在，一般在分解到第三层绩效指标时就能找到问题的根源。

第2步，根据问题所在的那层指标，关联到相关的流程。绩效是问题的表象，流程是问题的来源，相关联的流程就是问题的所在。

第3步，和这个流程相关联的最佳实践是这个问题的可能解决方向。同时，体系中的人员部分则说明，在不同供应链岗位上的人员需要哪些培训、知识和技能才能胜任这份工作。

有了最佳实践和可以胜任该工作的人员，就有可能解决问题了。

SCOR模型会定期更新以适应供应链业务实践的变化。供应链管理协会（ASCM）于2017年发布了SCOR模型12.0版本，标志着SCOR模型开始向数字化供应链运营模式转型。2019年，ASCM还与德勤共同发布了数字能力模型（DCM）1.0版本，DCM是供应网络与SCOR模型的数字标准。

1.5 "全球供应链 Top 25"榜单

目前行业内比较认可、关注度比较高的是 Gartner 每年发布的"全球供应链 Top 25"榜单。

Gartner 成立于 1979 年，作为全球权威的 IT 研究咨询公司，专注于 IT 行业，涵盖 IT 产业的研究、发展、评估、应用、市场等领域。其发布的榜单很受欢迎，具有技术与产业的深度、广度，以及权威性、实践性。截至 2023 年，Gartner 的"全球供应链 Top 25"榜单已连续发布 19 届，如图 1-1 所示。

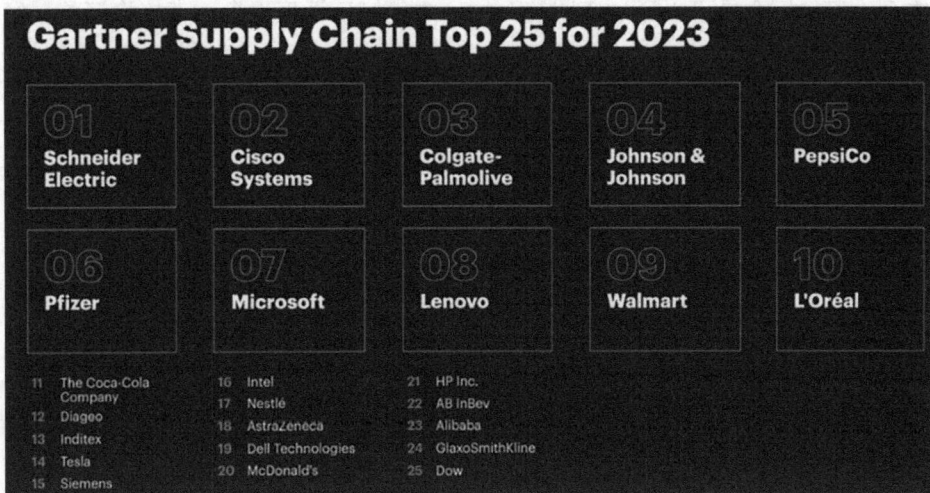

Gartner Supply Chain Top 25 for 2023

01 Schneider Electric	02 Cisco Systems	03 Colgate-Palmolive	04 Johnson & Johnson	05 PepsiCo
06 Pfizer	07 Microsoft	08 Lenovo	09 Walmart	10 L'Oréal

11 The Coca-Cola Company	16 Intel	21 HP Inc.
12 Diageo	17 Nestlé	22 AB InBev
13 Inditex	18 AstraZeneca	23 Alibaba
14 Tesla	19 Dell Technologies	24 GlaxoSmithKline
15 Siemens	20 McDonald's	25 Dow

图 1-1 2023 年"全球供应链 Top 25"榜单（资料来源：Gartner 官网）

自该榜单发布以来，中国企业中的联想与阿里巴巴上榜次数最多，分别为9次和5次。

为什么是联想？上榜的首要原因当然是其规模足够大。入围该榜单的企业需要符合一定的规模标准。但更重要的是联想与时俱进的、灵活的供应链策略，表现十分优秀。

联想在2005年收购了IBM的PC业务，这是联想国际化战略向前迈出实质性的第一步。之后，联想全盘采用IBM的体系和流程，供应链管理开始成为其核心竞争优势。

联想于2013年底推出的统仓共配直达客户（SEC）模式将分销的物流职能分离，由联想统一进行物流管理，统一进行配送，打通前后端环节，实现端到端的库存共享。

联想于2018年提出"转型四大赛道"，即智能物联、智慧行业、智慧渠道和智慧服务。其中智慧渠道的重点是发展智慧零售"来酷科技"和B2B电商平台"惠商科技"，在原有统仓共配SEC模式的基础上，供应链升级为智慧云仓体系。智慧云仓是可以通过集团统一的一体化信息管理平台，直接将订单派发到离客户最近的有库存的仓库进行配送，提升客户满意度。

在其产业链、供应链的韧性表现上，联想扛住了不确定性。Gartner认为，联想集团致力于在零部件和供应商方面实现更强的通用性，建立高度协作机制，在改善客户体验、加强供应链韧性等方面做出了巨大的努力。

联想是业内少有的具备了全球化供应链管理经验的制造型企业。联想充分利用全球各地的优势资源，如中国的生产制造、印度的软件开发、日本的工程化等，打好"组合拳"；而到了制造环节，产品最后的组装板块则又分散到各个主要国家市场；同时在销售、服务等环节，通过本地运营来实现。这既充分发挥了全球各地的资源优势，又实现了与本地化交付的无缝衔接，实现了灵活、高效、具有韧性的全球供应链管理。

直接服务于联想的一级供应商有近 2000 家，其中不少是中小企业。通过协同生产，联想将打造韧性供应链的能力传递给上下游企业。

协同生产的关键在于联想与供应链上下游企业建立了数字化协作平台。通过该平台，联想已实现与上游供应商的"联合排产"，即供应商可以通过数字化协作平台看到联想的需求，进而实现按需生产，以提升效率、减少库存。2023 年，联想加大应用人工智能技术，进一步实现了需求预测、感知风险和运营优化。

我们来看一个例子。记忆科技集团是联想的供应商之一，成立于 1997 年，主要生产内存、主板等产品。联想帮助记忆科技集团打造了高效协同的供应链智能化转型方案，通过打造端到端的计划协同体系，支持其供应链业务的快速增长和数字化转型。据联想的官方网站上公布的数据，通过引入智能排产等技术，记忆科技集团的需求预测响应时间压缩到 1 天内；订单响应时间压缩到 2 小时内，承诺交期准确性（FPSD）由 70% 提高到 90%，交期变更（PSD）从 69% 提升到 86%；减少 30% 的在制品（WIP）数量；成品库存周转天数减少 10%~20% [2]。

联想供应链体系还是一个绿色供应链体系。2022 年 12 月，工业和信息化部中国电子技术标准化研究院下属全资公司北京赛西认证有限责任公司为联想集团的武汉产业基地颁发了信息与通信技术（ICT）行业首批零碳工厂证书。联想的武汉产业基地成为中国 ICT 行业首个经过第三方评价的零碳工厂。此外，联想在合肥、成都、惠阳的生产基地也已经完成了国家级绿色工厂的建

---

[2] 联想智慧制造. 【记忆科技】离散制造企业：如何借助供应链数字化转型提升企业竞争力？［EB/OL］.［2022-11-04］.

设，并在天津打造从源头设计阶段就引入零碳工厂理念的产业园区，为业界打造科学可复制的零碳制造智能解决方案，为全球绿色发展交出一份中国答卷。

2022年12月，联想集团董事长兼CEO杨元庆在《中国企业家》杂志社主办的"第二十届中国企业领袖年会暨第二十二届中国企业未来之星年会"上表示："这套高效灵活的全球供应链管理体系是联想应对外部的重重挑战、实现业绩逆势增长的坚强后盾。"

联想，正在向全球输出具有强劲韧性、灵活智能、绿色低碳的中国供应链样本。

第2章

02

数智化转型

如果从"第一性原理"来看供应链，
那么其核心内在逻辑就是通过匹配供应和需求，
将产品快速、灵活、准确地交付给客户，
满足客户需求，提升客户体验。

每一次科技革命，不仅是具体学术理论的更新，更是一次范式转移，即全套价值观和方法论的变革。

唯物辩证法认为，事物的内部矛盾（内因）是事物自身运动的源泉和动力，是事物发展的根本原因。外部矛盾（外因）是事物发展、变化的第二位的原因。内因是变化的根据，外因是变化的条件，外因通过内因而起作用。供应链的数智化转型，既由内因主导，也由外因推动。推动数智化转型最核心的内因，是"以人为中心"的经营带来的挑战。

2.1 数据化、数字化、数智化

为什么是数智化转型，而不是数字化转型？两者有什么不同？要全面了解数智化转型对企业和产业的影响，就需要先了解数据化、数字化和数智化。

1. 数据化

数据是事物固有的客观属性，如装满货物的箱子的长度、宽度、高度、形状、材质。在企业中，数据是对某一事物的描述，描述形式包括数字、文字、符号、图形、图像等。数字化带来了数据化。传感器、GPS、摄像头等设备；基于人工智能技术的视觉识别、语音识别，以及海量数据存储等新技术；4G、5G、窄带物联网（NB-IoT）等通信技术，产生了大量的数据。

数智化的前提是数据化。以顺丰速运为例，一个货品从发件人处被送到收件人处的过程中，每个环节产生的数据都会被精准记录，通过件量预测、分仓管理、路线规划，可以对快递网点选址、快递员的排班、车辆的分配调度、货运航线等，规划出"最优解"。

数据对于数字经济的发展起着重要作用。党和国家高度重视数据的作用，近年来发布了几份重要文件。2022年3月25日发布的《中共中央 国务院关于加快建设全国统一大市场的意见》，强调"加快培育数据要素市场，建立健全数据安全、权利保护、跨境传输管理、交易流通、开放共享、安全认证等基础制度和标准规范，深入开展数据资源调查，推动数据资源开发利用"。2022年12月2日发布的《中共中央　国务院关于构建数据基础制度更好发挥数据要素作用的意见》，强调充分实现数据要素价值、促进全体人民共享数字经济发展红利的重要性。

2.数字化

数字化，就是将数据通过一定的方式变成计算机能处理的0和1的二进制码。通过数据爬虫/关联推荐技术、区块链技术、大规模云计算技术等，能够把现实的缤纷世界在计算机世界中全息重建，形成比特世界里的数字孪生。

以中国移动自有品牌手机的供应链为例，其不仅仅是"从供应商到中国移动再到用户"的单链，还是巨大的网链。工厂制作完成手机后，先将手机发到中国移动通信集团终端有限公司，再分发到中国移动营业厅或其他分销渠道。工厂上游还有二级供应商，再往上还有三级供应商、四级供应商。销售渠道有中国移动开在乡镇的营业厅，也有代理的渠道商等。物流线上有工厂到干线仓、省仓的配送，还有从营业厅到用户的配送。要保证供应链的畅通，中国移动必须监测网链上所有关键节点的状态。尽可能把所有数据，全量、全要素地传送到线上，在数字世界里呈现一个物理世界的数字孪生世界。比如哪个供应商能提供某种零部件，能将零部件运送到哪个地方，在某个时间点上有多少零部件还在配送过程中，有多少零部件已经被组装，有多少完成组装的产品在仓库里等。

3.数智化

智能化是指事物在大数据、物联网和人工智能等技术的支持下，所具有的能动地满足人的各种需求的属性。

在数字化的基础上增加了智能化，即在数字化基础上的更高诉求。把数字化与智能化相结合，构成了人机的深度对话和互相的深度学习，衍生出了"数智化"。

具体来说，数智化是在数字化的基础上，把算法应用到不同的场景里，进行算法建模，建立决策机制的自优化模型，进行资源优化配置，实现智能化的分析与管理，让供应链变得智能化。

供应端和需求端构成一张复杂交织的网，供应链要与"及时、准确、优质、低成本"的供需平衡相匹配。以送达时间为例，是不是越快就越好呢？比如中国移动生产自有品牌的手机，工厂要求上游供应商1周到货，供应商3天就将货物送来了。但实际可能其他生产工序还没有准备好，无法接收货物。因此，需要由数智化提供一套算法，计算出手机的各个零部件什么时候送到最合适。生产手机后，这么多需求订单又该如何分配，怎么样才能为企业带来最大的价值。这些都是需要用好数据、算法、算力等要素，经过建模、训练、调整、应用，以数智化推动供应链的升级。

顺丰科技大数据总监林国强在 InfoQ 推出的《超级连麦．数智大脑》节目中也讲了顺丰速运的数智化运用。面对极端天气、突发环境事件等各种突发情况，顺丰速运会基于运筹优化技术，通过数字仿真平台进行预测，找到最佳解决方案，然后反向指导物理世界的流程执行和策略调整，对供应链的各个链条和全环节进行优化。在这里，数据和算法是关键抓手[3]。

物理学中的第一性原理，最早来自古希腊哲学家亚里士多德。2000多年前，亚里士多德将第一性原理定义为"事物被认知的第一根本"，是系统中的基本命题和假设，不能被省略和删除，也不能违反。如果从这个角度来看供应链，那么其核心内在逻辑就是通过匹配供应和需求，将产品快速、灵活、准确地交付给用户，满足用户需求，提升用户体验。

数智供应链并未改变供应链的本质，而是考虑了最基本的预设条件和存在逻辑后，通过大数据、人工智能、区块链、物联网等技术优化和提升效率，更好地进行产品研发、需求预测、资源调度、实物交付。

---

[3] InfoQ. 顺丰科技：在变局中寻找物流供应链"最优解"［EB/OL］.［2022–12–01］.

2.2　转型势在必行

　　唯物辩证法认为,事物的内部矛盾(内因)是事物自身运动的源泉和动力,是事物发展的根本原因。外部矛盾(外因)是事物发展、变化的第二位的原因。内因是变化的根据,外因是变化的条件,外因通过内因而起作用。

　　供应链的数智化转型,既由内因主导,也由外因推动。

　　推动数智化转型最核心的内因,**是"以人为中心"的经营带来的挑战**。

　　现阶段,用户需求已经从"有没有"发展到"好不好"。市场细分、产品细分、渠道多样化,用户需要的不再是工业化生产的整齐划一的产品,而是能更多地彰显自己的个性,并且能更方便地购买心仪的产品和需要的服务。在交付上,不仅要求速度快(如当日达、次日达),而且要求灵活选择配送方式,物流过程透明、可跟踪追溯货物,到货后还要求好的售后服务。

　　换言之,现在企业的经营模式已经不再是由自身资源设计产品和服务的传统模式,而是从用户需求出发来拉动产品和服务的新模式。要以合适的产品、时间点、价格、速度满足现有的用户需求,创造引领新的用户需求。

　　如何更好地满足用户需求,正在成为众多企业塑造的核心竞争力。

　　市场竞争激烈,用户需求管理难度变大,产品生命周期缩短,越来越庞大的供应链、越来越丰富的产品线及越来越多的个性化需求,需要柔性制造、反向定制、预测销售、库存补货、智能物流等。这样一个复杂的供应链管理非数字化、智能化不可。

例如第 1 章介绍过的联想，为了管理庞大的供应商体系，倒逼出了自己的数字化、智能化的供应链管理能力。

全球经济一体化的趋势越来越明显，不仅国际市场日趋成熟，而且不确定性加剧，推动了市场竞争进入新阶段。供应链运作效率越高，企业在营销渠道中就能得到越多的销售机会，获得更多的市场份额，从而进一步提升产品的市场竞争力。因此，企业与企业之间的竞争转变成了供应链管理之间的竞争。

供应链的数智化转型，正逐渐成为企业获取新竞争优势的战略性发展趋势。一方面，执行数智供应链转型，要以用户为中心；另一方面，供应链的数智化转型，又可以更好地以用户为中心。在大数据、人工智能、云计算、区块链等数字技术的支撑下，通过跟踪调整各层级供应链上的相互关联、协调的数据，对用户更及时、更有效地进行响应，成为企业新的竞争优势。

供应链的数智化转型也是企业自身的数智化转型的关键要素。企业的数智化转型，本质上是企业在数字经济时代的重塑型战略，它关乎每个企业在新阶段的生存发展。尽管不同行业的转型之路不同，但有一个共同点 —— 供应链是企业数智化转型的关键部分和着力点。这也是企业对供应链转型的关注愈发强烈的重要内因。

再来看看外因。

一般认为，人类经历了 4 次工业革命。第一次工业革命，是手工劳动时代到蒸汽机时代的变革；第二次工业革命，是蒸汽机时代到电气时代的变革；第三次工业革命，是电气时代到信息时代的变革；第四次工业革命，是信息时代到数字智能时代的变革。

第四次工业革命产生了数字化浪潮，产业数字化进程加速推进。从这个角度来说，中国改革开放40多年创造了世界经济发展史上的"中国奇迹"，而短短40多年的产出能够追平、超越西方整个工业时代的产值，也有"数字化"这个新推动力量的功劳。

随着数字技术的不断突破和广泛应用，生产和流程也发生了变革。物联网、智能设备、机器人、增强现实（AR）、虚拟现实（VR），实现了更低成本的定制化生产、更强的市场灵活性、更短的交货周期、更高效率的产能利用。数智化逐渐渗透消费、流通及制造等各个环节，带来供应链数智化转型。数智供应链已逐渐成为数字经济的运行底盘，成为产业的新一代信息基础设施。

近几年，国际形势多变、科技应用加速、断链风险增加，世界充满着不确定性。风险和机会总是并存的。要想在多变、充满风险的环境中形成强韧的供应链体系，没有达到高度的数智化难以实现。

如果再提升一层，从产业链的角度来看企业。当数字世界成为一体时，企业或人无法抵挡这一进程。企业被推动着，或是通过数智化转型的方式接入数字世界，或是被时代排斥在外，没有中间地带。

当从产业角度来看企业时，要考虑的因素更加复杂、多元。各参与者是供应链各要素的提供者，协同从事相应产业的运营，共同为产业效率的提升努力。产业链供应链的组织方式涉及产业组织之间的协同运营。产业链供应链更加复杂，运营追求的不仅是快速触达，更是整合与协同。其中包括企业内部不同功能之间的整合、供应商资源整合及上下游客户资源整合，通过组织之间的协同实现价值最大化。

数字技术增强了供应链可视化效果，对不同主体（客户、供应商、供应商的上下游、其他利益相关方等）、环节（研发、设计、采购、生产、分销、交付等）等信息进行整合和协同，并基于智能分析的洞见和预测，及时、有效地采取相应措施，以应对可能产生的风险。

供应链的数智化转型成为推动产业连接、数智化创新、生态融合的重要抓手，对重塑产业增长韧性、拉动经济增长起到至关重要的作用。

2.3 三重理解

产业正在进行一场规模空前的数智化转型。数智供应链的概念应运而生。

数智供应链，就是用数智化技术连接和优化社会生产、流通、服务的各个环节，降低社会成本，提高社会效率，进而实现供应链的高效运转和供应链的韧性增强。

供应链是产业链中的一部分，是产业链生成的基础。企业身处产业链和供应链中，数智供应链将带动产业链的数智化转型。产业链供应链的数智化转型，并不是仅仅关注自身的成本最优、竞争力最强。这可以从以下3个层面来理解。

1.自建自用

在一个有正常管理体系的组织中，有数据时，管理动作就会产生。管理者通过掌握企业信息进行决策，管理效果覆盖供应链、客户管理等各个环节。在这个过程中，如果依靠人工，就有可能出错，因此需要稽核，需要管理者根据管理经验、业务逻辑去进行判断。所以这时的要点是，**数据要能在同一个平台，以同样的标准，如实地呈现**，实现管理上的透明化与可视化。

中国移动搭建"基于中移链的'一物一码'绿色供应链平台"，以此制定物资全生命周期可视、可管、可控的供应链数智化转型方案，探索以"一码到底"贯穿物资的需求、采购、存储、使用等全生命周期跟踪管理。根据公开数据，其每年会节约20亿～30亿元的物资设备投资。

供应链开始数智化转型时，企业首先要构建一套可视化管理系统，让数据透明化呈现，企业据此进行决策。当越来越多的硬件配备了传感器时，数字技术增强了供应链可视化效果，企业可以根据数字设备、传感器和快速支付等源头产生的大数据，了解实时运作细节。再经过一定规模的智能分析，预测供应链运营状况，从而有效地采取各种措施，应对可能产生的风险，提升智能履约能力和公司经营水平。再以联想为例，其一直致力于通过自研的先进技术推动自身供应链的数字化、智能化发展，通过打造数字底座，建设大数据平台、"联想大脑"等技术中台，以"研、产、供、销、服"全价值链的智能化运营和模式创新，全方位支持业务的增长与能力的建设。

2.赋能产业转型升级

单点的数字化效率，已经不能满足企业生存和发展的需要。拥抱数字经济"新蓝海"，打通整个产业供应链，是一个新的时代命题。

除完成自身的数智化升级外，还要带动供应链中的各个环节一起进行数智化转型，成为产业数字化的新范式。

京东斥巨资建设仓库和顺丰速运斥巨资购买飞机，这两件事都是此前没有人尝试过的，当时也没有人理解的事。而在今天，京东的一体化供应链、顺丰速运的全货机都成了快递行业竞争升级成功的关键。更进一步，京东正在开放自身的供应链能力，提出了"以供应链思维来推动产业数字化"。在2022京东全球科技探索者大会之京东云峰会上，京东云首次展示了数智供应链全景图，通过开放自身的供应链基础设施和技术，京东有效连接了商家和上下游企业，数智化技术横向连通生产、流通、服务的各个环节，贯穿供应链全链条，从而降低了社会成本，提高了产业效率，也为用户更带来了更好的体验。

在央企的高品质信息服务供给模式里，中国移动提出新型渠道转型的泛全联盟，其本质是一种 S2B 模式，即服务于中小渠道的供应链平台，面向客户需求，带动产业链"上云用数赋智"，为中小渠道的数字化赋能，开展智慧营销、智慧运营。可以认为其是一个产业中台，搭建中小渠道难以自营的系统能力、数据能力，整合产业链服务，提升运营效率，更好地与用户的美好数字生活需求进行一站式匹配。

3.升级社会服务方式

为更好地提升生产力，应把供应链放在产业发展、国家发展，甚至全球发展的视野中去看，形成生态集成的产业链供应链。

生态集成的产业链供应链，其能力建设的底层逻辑是"聚天下能力服务天下人"，形成更具创新力、具有更高的附加价值、更安全可靠的产业链供应链。

在2018年的华为全球核心供应商大会上，时任华为轮值董事长的郭平，与供应商伙伴分享了他对"战略采购"的理解，并表示华为未来的采购模式就是"战略采购"。华为认为的"战略采购"，是一种以实现商业成功为目标，与核心供应商打造新型战略合作关系的采购模式。其要与优秀供应商联合创新，共同"引领"产业发展，即华为的"战略采购"要解决补强产业链发展薄弱环节甚至填补发展空白的问题，华为与战略供应商、与行业领袖或优秀企业联手，敢于投入，建立鼓励创新机制，支撑产品持续领先，共同引领产业发展。

2022年8月29日，《人民日报》评论版推出"数据里的'中国活力'"

系列报道。《从"挖掘机指数"感受经济动能》一文提出了"挖掘机指数"一词，以此展现中国经济发展强劲的韧性和活力。挖掘机是基础设施建设的"标配"，在一定程度上可以被认为是反映基础设施建设、观察固定资产投资等经济变化的风向标。三一"挖掘机指数"由三一重工股份有限公司基于树根互联运营的根云平台打造。一台台机械设备通过机载控制器、传感器和无线通信模块连接，将机械动作形成数据痕迹。通过对 70 余万台设备的工况等状态进行大数据分析，可以得出基础设施建设开工率等数据。通过分类计算每日作业量和基础设施建设开工率，指数的动态变化趋势可以协助分析全国各省市基础设施建设投资热度的变化。2023 年 1 月，中央电视台财经频道与三一重工股份有限公司、树根互联联合打造的"央视财经挖掘机指数"发布了最新相关数据。三一重工股份有限公司站在整体社会发展角度提炼出来的数据，为中国经济发展提供了政策参考。

立足全球格局，联想通过"全球优势资源＋本地交付"的运营原则和强大的运营能力，持续培养生态圈中的"专精特新"企业，带动更多产业链供应链上的企业伙伴加入全球供应链，塑造国际合作和竞争新优势。

中国共产党第二十次全国代表大会报告，对中国式现代化进行了全面深刻的阐述。"全面建设社会主义现代化国家……统筹发展和安全，全力战胜前进道路上各种困难和挑战，依靠顽强斗争打开事业发展新天地。""推动构建新发展格局……着力提升产业链供应链韧性和安全水平……增强维护国家安全能力……"这就是在奋进新征程中，产业链供应链数智化转型的努力方向。

2.4 范式转移

1959年，美国著名科学哲学家库恩在论文《必要的张力》中，第一次引入了"范式"的概念，库恩又在《科学革命的结构》一书中提出了"范式转移"。

范式，指科学家共同接受的一套假说、理论、方法和信念的总和。范式转移，指在一个领域里出现新的学术成果，打破了原有的假设或者法则，从而使原本的常识被改写。

每一次科技革命，不仅是具体学术理论的更新，**更是一次范式转移，即全套价值观和方法论的变革**。比如从地心说到日心说，使之前对地球上各种现象的解释都要被重新思考。

人们也能从日常生活中感受到这一点。智能手机在3G时代出现，拉开了移动互联网的恢宏大幕；从3G时代到4G时代再到5G时代，它改变了生活，也改变了社会。现在，人们付款常使用微信支付和支付宝，出行使用打车软件，购物使用淘宝和拼多多，人们在出门游玩、享用美食前，可先在大众点评上查询餐厅信息，在携程、美团上查找优惠活动，在地图App里输入地点关键词，服务悉数完成……我们都是技术、资源乃至用户习惯发生变化的受益者。

供应链进行数智化转型，数据成为驱动业务的核心。实现数据驱动，构建数据分析体系和能力，将呈现"两横三纵"的特点，从而实现业务模式的深度变革，提升整体运营效率，如图2-1所示。

三　纵

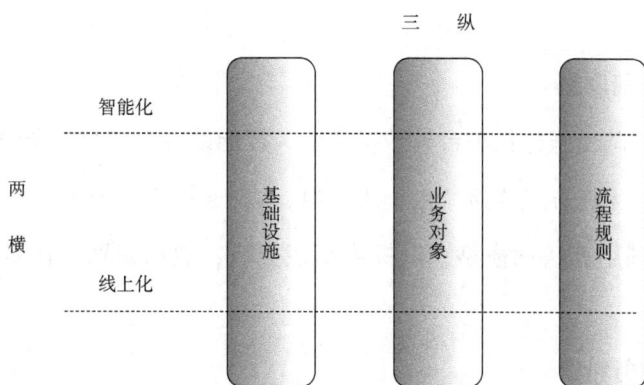

图2-1　数据驱动的"两横三纵"特点

1.两横

（1）线上化

打破物理空间和网络空间的边界。企业部门之间的协同，企业与供应商、物流承运商之间的协同，由线下转到线上。这会提升端到端的业务效率和用户体验。线上化后，还能对计划、采购、生产、履约、逆向等模块的工作行为进行结构化记录，形成数据价值沉淀；再加上人工智能实时生产的内容，可以满足大量、实时、沉浸式交互的需求。

（2）智能化

数据成为关键生产要素。通过引入机器人流程自动化（RPA）、光学字符识别（OCR）、智能工作流等新人工智能技术，用数据驱动供应链业务运营，实现智能化。通过重塑资源配置，优化、重组生产运营业务，推动产业由局部、刚性的自动化生产运营向全局、柔性的智能化生产运营转型升级，积极创新以创造更大的价值。

2.三纵

（1）基础设施

运营的基础设施包括平台、数据系统、智能设备，以及安全防范设施等，以有线方式、无线方式连接"人、机、料、法、环"等多个要素。通过在线化沉淀数据，利用算法和模型，以提供高级分析、数据识别、智能决策智能等功能。

（2）业务对象

在数字世界中建立物理对象的数字映射，从"记录"到"数据"，数据由"离散"变为"集成"。全方位持续丰富数据，加上大量的人工智能生成内容（AIGC），新增"数据"生产要素。

（3）流程规则

流程标准化，从"规则游离于系统外"转变为"规则标准化并固化到系统内"。在供给、需求的各个环节，基于规则自动判断执行，实现海量的"确定性业务"自动化处理。由原来的人治，转向数治、智治。

范式转移影响生产、物流、仓储、交付改变，进一步创新了商业模式、产业模式。下面举几个实践中的模式创新示例。

①"短视频＋直播＋物流"，在四五线城市实现"出圈"。

快手发布的《2022年中国农民丰收节快手农产品消费趋势报告》显示，2022年1—8月，快手农产品带货量最高的10个城市分别为临沂、北京、杭州、连云港、昆明、西安、西宁、青岛、沈阳、攀枝花。除北京、杭州、西安等农产品供需都较为旺盛的城市外，越来越多的四五线城市在跑通产销全流程后，向全国供货。

除了快手，京东物流宣布已接入抖音电商"音需达"配送服务，为抖音电商用户提供送货上门等配送服务。新东方旗下直播电商东方甄选宣布与顺丰控股、京东物流达成紧密合作关系，为自营产品提供物流服务保障。2022 年9 月，中国邮政速递物流与抖音推出的"山货上头条"助农项目签署了合作框架协议。

②宠食仓配一体化服务，实现"拎包入驻"。

国内宠物行业是现在能带来业务增长的重要赛道之一。2022 年9 月19 日，普洛斯供应链（SCS）华东运营服务中心，在普洛斯嘉善物流园区内举行开仓仪式。普洛斯（上海）国际供应链管理有限公司、普洛斯投资（上海）有限公司、福益（上海）企业管理有限公司共同打造 SCS 华东运营服务中心。这为宠食（宠物食品）品牌提升供应链能力提供了一个新解法，为国内宠食贸易带来了更高效、省心的仓配一体化服务新模式。

③智能生产，反向定制。

生产模式从传统的以产品为中心的大规模生产模式，向以客户为中心的小批量、定制化生产模式转变。供应链模式也相应地从传统的"生产—销售—用户"模式演变为"用户需求—销售端反馈—生产端—销售端—用户"的供应链新模式。

京东和计算机厂商合作，以 C2M 模式满足用户需求。2022 年8 月，京东集团副总裁、3C 数码事业部总裁吴双喜曾公开过数据，京东基于 C2M 模式的游戏本（主打游戏性能的笔记本电脑）和台式计算机占比已经超过45%。惠普和京东合作，为游戏玩家量身打造了"暗影精灵"系列计算机；京东和华硕合作，采用"实体华硕旋钮"设计的 ProArt 创16 笔记本电脑，采用了 C2M 反向定制模式，精准把握计算机消费新趋势，让供给端更加精准地匹配和满足消费者需求。

④实现"制造的制造"，布局生态链。

小米除了生产手机，还有独特的生态链模式。2013 年下半年，小米开始打造生态链布局物联网和基于企业生态的智能硬件孵化器。《小米生态链战地笔记》一书介绍了其独特的"入资不控股，帮忙不添乱"模式。以工程师为主的投资团队、矩阵式全方位孵化，使其成为全球智能硬件领域产品出货量最大、布局最广的生态系统。

小米利用自身资源，为生态链上的企业提供人才、品牌背书、销售渠道、供应链能力、资本、方法论和社会关注度，帮助生态链企业在各自的领域获得先发优势，同时又能在小米的平台上发挥协同效应。小米投资的生态链企业、小米自身、小米的上下游供应商、小米的客户一起构成了这个生态系统。

2.5 中小微企业转型路径

在产业链供应链实践中，很多生产、制造、服务、流通环节处于分散、碎片化的状态，参与者普遍信息化程度较低。

笔者在参访几个已有亿元产值的制造工厂时了解到，常见的情况是，企业办公使用钉钉，财务办公使用金蝶，跟单依靠的是人工，在生产线上则是人工操作和几台机器共同配合。

企业的数智化转型在企业降本增效、增强风险防范能力等方面作用明显。从全产业链的角度来看，只有中小微企业的转型，才能有效促进全产业链的有机发展和全链路集成，从而增强企业供应链风险管理能力。

近年来，受国内外不确定性影响，中小微企业的稳定发展遭遇阻碍，存在资金不足和人才缺乏等问题，企业生存面临较大挑战，更难有精力和资金投入数字化转型。

那么，中小微企业要怎么做呢？

1. 用大企业建好的平台

2022年11月8日，工业和信息化部印发了《中小企业数字化转型指南》，助力中小企业数字化转型。在增强供需匹配度方面，遵循"大企业建平台、中小企业用平台"的思路，大型企业打造面向中小企业需求的工业互联网平台，输出成熟的行业数字化转型经验，带动产业链供应链上下游中小企业协同开展数字化转型；在研制轻量化应用方面，数字化转型服务商聚焦中小企业转型痛点、难点，提供"小快轻准（小型化、快速化、轻量化、精准化）"的产品和解决方案；在深化生态级协作方面，大型企业搭建或应用工业互联网平台，面向上下游中小企业开放订单、技术、工具、人才、数据、知识等资源，探索共生共享、互补互利的合作模式。

中小微企业通过了解所处行业的市场格局与数智化现状，分析行业的发展趋势与市场格局变化，判断自己在整个产业链里的角色与定位。再结合企业的发展目标，确定企业的数智化转型实现工具，是接入产业链中的核心企业系统，还是独立发展？是充分运用产业链供应链中已经成功的"小快轻准"的产品、订阅式服务，还是进行低代码开发？

比如，美的旗下的安得智联在成功推动美的"一盘货"供应链深化变革之后，还将这一能力应用到外部其他行业的企业。仅在家电行业，安得智联就承接了400多个大小客户的合作。此外，安得智联还与青岛啤酒、鲁花、完美日记等快消品品牌，日化、电动车、家居等泛快消行业，以及京东、天猫等电商平台展开合作。

京东也有类似的服务工具。京东集团副总裁、企业业务事业部总裁李靖表示：采购服务是京东企业业务的"基本盘"，京东在服务"世界500强企业"等大型企业的过程中积累了一定的能力和经验，在此基础上面向中小企业推出数字化产品和服务，将帮助中小企业降本增效，并以此助力中小企业的数字化转型。

科技企业则侧重于工厂基础架构底座。在2022年世界互联网大会乌镇峰会上，360集团创始人周鸿祎在接受记者采访时表示，大型企业部署系统软件普遍需要漫长的周期，需要经历用户需求调研、定制开发、交付、培训及运维等复杂环节。这种模式并不适用于中小微企业，中小微企业需要的是"拎包入住"服务。他介绍了 SaaS（软件即服务）模式，其能大大降低中小企业数字化转型的门槛和成本。①使用门槛低，只要能连接互联网、有浏览器和账号就可以使用；②SaaS类似于个人 App，不需要进行培训，操作简单；③没有部署安装成本；④费用低，采用 Freemium（免费＋付费）模式，基本功能免费，增值功能收费，或者根据账户数量、使用时间收费，一个 SaaS 账号使用一个月仅需要花费几百元或几千元，跟动辄花费几十万元、几百万元购买大型软件相比，成本非常低[4]。

2. 从具体的业务需求出发

对于中小微企业数智化转型的推进，用友网络科技股份有限公司董事长兼CEO王文京有一个看法：主流路径是全面采用公有云服务，选择领先的跨领域云服务平台，在此基础上加入 1~N 个产业互联网平台来拓展市场，通过平台建立信用，获得金融服务，连接社会资源以提升组织能力。

阿里钉钉则是聚合业界主要的几家厂商，把它们开发的很多本地化、行业化的应用模板放到平台上，如进销存、采购管理等，都有低代码应用模板。然后企业可以根据自己具体的业务需求，在这些低代码应用模板上进行简单操作，搭建自己需要的专属应用。

行业领头企业已经搭建好底座，向产业链提供低代码能力，促进产业链进

[4] 光明网. 周鸿祎：SaaS是中小微企业数字化转型的杀手锏［N/OL］.［2022-06-26］.

行大规模协作。那么，中小微企业应该从哪里切入呢？应该从具体的业务需求出发，打通上下游企业，解决经营的痛点。

比如汽车行业，企业的数智化转型涉及上下游企业、车间、经销商、用户等，业务需求太细致、太复杂，难以兼顾。这时，可以尝试低代码开发。在汽车行业，厂商面对经销商目前采用的经营模式，无法完全掌握实际岗位人员配置情况。很多4S店为了节省成本，会尽可能雇用兼职人员，甚至不配备服务人员。厂商则希望经销商保持一定比例的服务人员，以保证消费者的消费体验。这个问题要如何解决？以前常用的解决方式是让经销商上报服务人员的人数，以及人工巡店。数智化的解决方法是在类似于钉钉这种大公司开发好的App上进行低代码开发，厂商、经销商全面连接。厂商可以在App上实时查询每家经销商的在岗人数、销售数据、服务情况，还能根据模型计算出每家经销商应该配备多少服务人员，来保证为消费者提供服务的质量。

采购也是很好的切入点。有句笑谈："如果你连花钱都不会，还能做点什么？"其实把钱花得好，也是有讲究的。常言道："卖得好不如买得好。"采购每节省1元的开支，利润会就增加1元；销售每增加1元，利润大致只能增加1毛。通用电气公司前CEO杰克·韦尔奇曾经说过："在一家公司里，采购和销售是仅有的两个能够产生收入的部门，其他任何部门发生的都是管理费。"

笔者在进行实地调研时发现，部分企业只有大概数千万元的采购额，采购员、跟单员却有近10人，他们相当多的时间只是在完成一些文档处理工作。这种除了会增加人工成本，还会错失需求管理、供应商寻源等成功机会。这些成本其实就是交易成本。企业至少应该利用信息系统对订单操作的请购、下单、核算、付款等任务进行流程固化与自动化运作，来提升人员的工作效率。

2022年9月，国研大数据研究院与京东企业业务联合举办"数字化采购引领中小企业数字化转型"研讨会，会上提出："一般来说，企业数字化转型要么从生产开始，要么从管理或销售开始，而从采购开始的模式为中小企业数字化转型提供了一种新的切入机制。"

从采购切入数智化转型，一是操作简单，事半功倍，能更快看到成效，利于中小企业降本增效、增强抗风险能力；二是利于促进产业扶持政策精准落地和提高监管效率；三是有助于推动中小企业数字化转型模式的创新和协同合作由点及面，推进企业全面数字化转型升级。

如果以上路径还没有达成条件，那么应该尽快解决线上化、信息协同共享的问题。

比如，一般企业会使用以下四张表。

销售一张表。清楚订单量。比如这个月，电商、门店等渠道计划每款产品卖出多少个？到目前为止卖出多少个产品？任务完成率是多少？

采购一张表。采购部门、生产计划部门要了解"出货计划"，判断会不会缺货？应在什么时候向供应商采购？采购数量是多少？

库存一张表。仓库要知道每款产品还有多少库存，每个仓库的进出货情况如何？有多少产品还在渠道上，没卖出去？

生产一张表。工厂还有多少产能？这个月能生产多少产品？了解生产排期。

最普遍的做法是使用 Excel 表，但存在以下几个问题。首先是汇总速度慢。"进销存"的数据由不同部门更新和维护。在使用 Excel 表格时，常常会出现工厂等待销售统计结束发出 Excel 表、仓库等待工厂统计结束发出 Excel 表，才能更新自己数据的问题。其次是决策速度慢，各部门的统计格式也不尽相同，每次需要有专人进行整理、汇总、复核……好不容易盘点结束，一周的时间也过去了，数据也就不是最新的了。数据无法实时更新，就很难对供应链进行快速、准确的调整。比如，盘点结束才发现库存不足，这时再加快生产进度，已经来不及补货了。这就导致了延期交付，甚至错失订单。同样，库存堆积后再安排促销，也就错过了最佳的促销时机。在面对数量激增的订单时，使用 Excel 表的问题变得更多。

这就是低效率供应链的缩影。最简单的解决方法，就是使用在线表格（企业微信、WPS 等软件都有这个功能），搭建一个实时更新、多人协作的"进销存管理系统"。把线下的表格变成线上的表格。比起传统的 Excel 表，其可以实现跨部门多人填写、实时更新，结束表格填写的同时结束统计，不用再手动汇总。每位员工（如车间某条生产线上的工人）只需要在在线表格上填写当天的产量，就能自动汇总每周、每月的数据，操作简单。采购、生产等相关部门能看到实时汇总的数据，而不用再等到月底，也不用在等待其他部门盘点结束。能实时看到更新的供应链数据，才有可能灵活调整自己的供应链策略。比如，公司突然增加了一笔客户订单。总部可以快速确认生产计划和生产排期，相应地，销售可以很快地反馈客户，后端也能确保按时交付。对于经常卖断货的"爆款"产品，有了线上表格，在即将库存不足时可以进行实时预警，马上安排补货。

第3章

03

数智供应链架构

供应链思想演进历程中的重点之一是出现了供应链战略，即将供应链视为企业核心战略的重要组成部分，而不是仅作为一个承接企业关键战略举措分解、细化行动方案的子战略。

战略采购的关键是价值创造。哈克特集团有一个采购管理成熟度模型，把采购分为5个发展阶段，分别为确保供料、最低价、总拥有成本、需求管理和全面增值。根据采购模式的发展路径，越往上创造的采购价值越大，对数智化能力的要求也越高。

无论是对于通信网络还是云服务的发展，解耦都是一种常用的方法，解耦的过程将极大地提升产业效率。

3.1 数智化转型服从数智化战略

我们先一起思考一个问题：对企业来说，什么样的供应链才算是好的供应链？响应速度越快越好，还是价格越低越好？如果要求又快又好，那么产品的成本是否能支撑？

企业经营通常分为3个层次，即战略、战术和运营。战略关乎整个企业长期的生存发展，用于指导各个部门制定中短期战术，再落实到企业日常运营。

供应链思想演进历程中的重点之一是出现了供应链战略，即**将供应链视为企业核心战略的重要组成部分**，而不是仅作为一个承接企业关键战略举措分解、细化行动方案的子战略。

供应链从战术操作者转变为战略贡献者，在制定战略时关注以下两点。

1.供应链战略服务于企业战略

供应链战略是企业整体战略的关键部分，包括采购、生产、销售、仓储和运输等一系列活动。它服务于企业战略，直接承接企业战略运营层面的三大指标（成本、服务、库存），也是支撑企业战略措施实施的运营底盘。供应链战略如果与企业战略不匹配，企业的整体战略就无法实现。反之，没有企业层面的战略，供应链战略就会成为"无源之水"。构建的供应链能力目标应与竞争战略用来满足用户需求的目标相一致。

2.供应链战略匹配产品战略

苹果公司的产品卖得好，除归功于产品自身的创新性，做到了从0到1外，还需要供应链能力实现从1到 N 的复制。不同的产品战略需要有合适的供应链战略来匹配。过去，业界根据产品需求的不确定性，将产品分为功能型产品和创新型产品，并以此来制定两种不同的供应链战略；又在产品需求不确定性的基础上，增加了供应不确定性的维度，将供应链划分为效率型、市场反应型、风险共担型及敏捷型4种类型；或者再扩充为成本效率导向的效率型、快消型和持续供应型，以及市场响应导向的敏捷型、自定义配置型和柔性型等。

企业选择的供应链模式可以发生变化吗？当然可以，而且是必要的。

在计算机是创新性产品时，戴尔的直销模式是快速响应的供应链，也就是不追求需求预测准确度，可容忍较高的库存，订单驱动是合适的供应链战略。在计算机由创新性产品变成功能性产品时，戴尔将重点投入 toB（面向企业或运营商）业务，因为商业用户的定制需求较多，产品更加接近"创新性产品"，有更高的毛利，供应链的柔性匹配度更高。

今天的市场和企业已然比之前的更复杂，每家企业都有自己的特点和特殊情况，笔者以为，不能再对供应链类型进行硬性分类，需要深入地、定制化地制定供应链战略。

在成功的企业里，产品战略与供应链战略都是相匹配的。当企业战略发生变化时，供应链战略也会随之调整。

华为有三大战略事业部，分别是运营商 BG、企业网 BG 和消费者 BG（消费者 BG 在华为内部简称"终端"）。前期，在组织设计上，华为针对不同的客户类别和业务模式分别设置了不同的供应链管理部门。在生产电信设备的时候，设备类产品配置较多，预测准确度较低，需要能快速响应的供应链来支持。从 2012 年起，消费者 BG 即终端公司，开始独立运营。由于其业务模式是 toC（面向最终消费者）的，完全不同于 toB 业务，因此终端公司又组建了相对独立的供应链管理部门和团队。手机行业竞争激烈，成本压力大，这是华为成立终端公司的原因之一，围绕手机构建自己的供应链体系。

中国移动锚定"创建世界一流信息服务科技创新公司"新定位，践行创世界一流"力量大厦"新战略，提出"推进数智化转型，实现高质量发展"的发展主线。供应链也进行了与此相匹配的转型。2022 年 9 月 9 日，中国移动组织召开"数智供应链管理系统建设项目实施启动会"。中国移动通信集团有限公司副总经理李慧镝在启动会上指出，数智供应链管理系统建设是坚决贯彻落实中央决策部署的重要举措，是公司"连接+算力+能力"新型信息服务体系的重要实践，是迈向"世界一流供应链"的基础承载。

数智化战略是企业提升竞争力的一个重要路径。确定路径后，对相应的业务设计、业务模式和流程设计进行重塑，业务重塑后要进行组织和管理变革；然后还需要平台、应用系统和服务的支撑。

在工业互联网产业联盟发布的《数智化供应链参考架构》标准中，数智供应链被定义为："以用户为中心且有效连接供应商、制造商、服务商、经销商、零售商等主体的网链结构体，应用数字化和智能化技术赋能计划、采购、制造、服务、履约、逆向等全流程的业务数字化、决策智能化，实现降本增效、安全稳定、绿色低碳等价值创造。"

数智供应链的转型，不只是某个供应链组织或者流程组织的事情，而是要服从并支撑企业战略，在数智化转型的过程中必须要有全局观和对系统整体的考虑，不能只考虑自己部门的利益，而是要更多地从用户体验和企业经营的视角来进行思考。**数智化转型的最终目标，是帮助企业实现经营目标和战略目标。**

举个例子，在企业的数智化转型过程中，供应链部门能帮助企业提升10%的交付效率或增加5000个新客户，但同时供应链的成本要增加100万元。这个活动应不应该进行？如果只按照供应链的传统思维方式思考，供应链是一个成本中心，要考核成本，那一定是选择不进行这个活动。但如果认为数智化转型最重要的目标，是为公司提升竞争力，创造价值，那么这个决策变得很容易：当然要做。在计算供应链的成本、效率的时候，要在用户体验提升和企业利润增加这个大背景下统一考虑。全局优化的重要性是大于局部优化的。企业供应链数智化转型实施流程如图3-1所示。

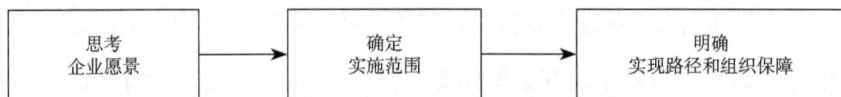

图3-1　企业供应链数智化转型实施流程

第1步，思考企业的愿景是什么、数智供应链如何助力实现企业愿景。

第2步，确定企业供应链数智化转型实施的范围，理解企业的业务场景和痛点，划出业务或地域，明确问题，找到解决方案，关注相关流程和指标。

第3步，明确企业供应链数智化转型实现的路径和组织保障。企业目前的数智化程度如何、能否成为供应链的关键能力？需要做什么才能达到目标状态？企业供应链数智化转型实施路线图是什么？要细化到项目计划、投入成本（人力和资金）、在规模应用前的试行级别和开始应用的标准，用什么样的方式能让组织取得共识，组织架构需要做什么样的调整等。

3.2　数智供应链系统框架

系统思考泰斗德内拉·梅多斯（Donella Meadows）在她的著作《系统之美：决策者的系统思考》中写道，一个系统通常包括3个构成要件，即要素、连接、目标。没有任何内在连接或者功能的随机组合体，不能被称为一个系统[5]。

因此，数智供应链系统框架首先要有一个目标 —— 创造价值。企业内各部门（功能）、产业的上下游是要素，利用数智化技术、管理业务流程连接。一个系统的要素很难被穷尽，因此可以把精力放在研究要素的内在连接上。

数智供应链系统总体框架如图3-2所示。

1.价值创造

先讨论价值，以及如何使用这个框架。

数智供应链有什么价值呢？笔者认为主要有3个价值。经济价值（降本增效）、韧性价值（安全可靠）和可持续价值（绿色低碳）。经济价值主要体现在企业自身经济价值、生态伙伴经济价值两方面，降低成本、提高收入，从而

---

[5]　德内拉·梅多斯. 系统之美：决策者的系统思考［M］. 邱昭良，译. 杭州：浙江人民出版社，2012.

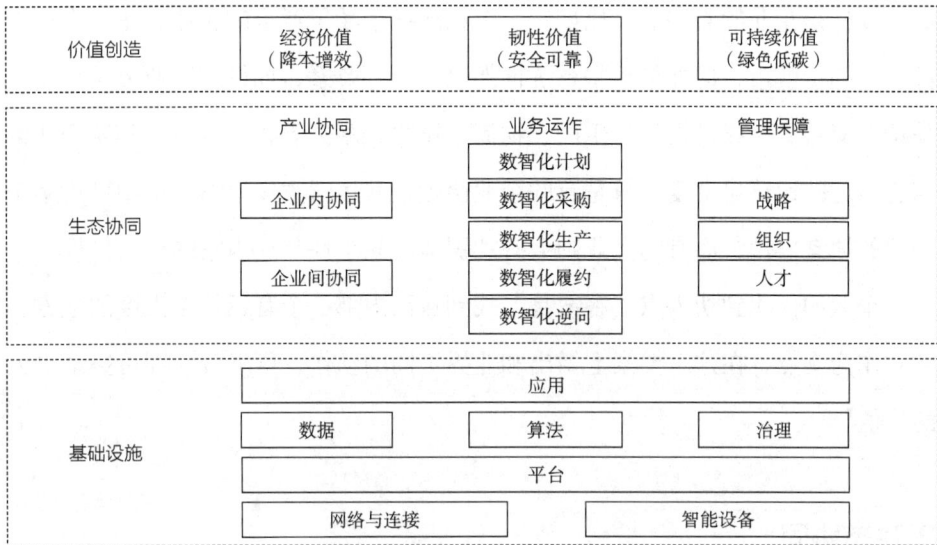

图3-2　数智供应链系统总体框架

创造利润；韧性价值体现在建立全业务流程风险防控体系，保障安全稳定；可持续价值主要体现在绿色环保、产业创新、社会发展3个方面，促进环境、产业、社会层面的可持续健康发展。

为什么先说价值？因为价值太重要了。笔者曾经在一个周末，一口气看完了20年的亚马逊创始人杰夫·贝佐斯（Jeff Bezos）致股东的信，受益匪浅。笔者以为其中最重要的是杰夫·贝佐斯于1997年写下的第一封致股东的信，如何在纷繁复杂的企业经营动作中进行选择？他说的"It's all about long term."意为一切都将围绕长期价值展开。

同样，在供应链的数智化转型过程中，企业可以完成许多工作，但往往大企业不知道如何取舍，小企业不知道如何开始。如果能以这3个价值选项为标准，使企业找到自己的支点，准确投入资源把杠杆压下去，就有可能获得最大收益。

"选支点、上杠杆"，这就是使用这个系统框架的办法。

关于战略杠杆理论的文章和讨论有很多。笔者的看法是：**支点是企业的初**

心，杠杆是企业的着力点。比如，一个在成熟市场里竞争的企业，每一个选择都只能随行就市，但如果穷举系统框架里的全部要素，如供应链业务（计划、采购、交付），或是设计、生产、物流、销售、服务等各个环节，其实企业都拥有一定的运营自由度。只是有的企业会把这些运营动作习惯性地归结为某个部门的惯有操作，而有的企业则会有意识地使某个环节成为它的经营杠杆。

企业如何找到切入点？答案是，找到自己内部一个有运作自由度的地方，将它作为支点，在这个要素上做出和业界不同的动作，压下资源即可撬动更大的价值。

2. 生态协同

数智供应链的产业协同层，包括企业内协同和企业间协同。

企业内协同，指供应链内部职能部门（如采购、生产、物流）和销售、研发、财务等各部门实现跨职能打通，实现数据的端到端共享、分析与处理，并实现跨职能部门的基于数据的智能协同决策。通过企业内跨职能部门的协同，供应和需求可以实现中长期匹配，可以更好地平衡成本和服务质量。

企业间协同，指产业链供应链利益相关方的价值、产品、创新、知识，利用物联网、大数据、区块链、人工智能、5G等技术连接，建立以数智化战略目标、组织架构、业务流程、信息共享及仓配物流支撑为一体的新型组织体系。实现产业链供应链上下游企业活动统筹衔接、互相支持管理，跨区域资源的集聚和资源调配，带来合作共赢的发展机遇。比如在供应商之间，构建各级供应商和采购商之间的产品质量、生产、仓配物流、采购等各要素的高效协同平台，实现自动请购、询报价、招投标、下订单、到货、入库、对账开票、质量管理、退货管理等全流程协同。

以广东葆德科技有限公司（以下简称"葆德"）为例，产品的销售、生产、售后流程全部数字化。这使得该企业的员工和客户，可追踪产品的生产进度；客户可以在 App 上申请售后服务，并且追踪售后服务的完成进度。每一笔售后业务都被展现在系统报表看板上，可清晰追溯。在空压机制造这个对售后服务要求很高的行业中，这是非常好的加分项，提升了业务效率。在该行业中，葆德首创空压机一键售后的"滴滴"服务模式，将葆德 IT、葆德服务商、葆德用户连接起来，24 小时在线管理，当空压机遇到故障或维保（维修保养）到期的，系统会自动发送预警信息，并可通过手机端全程实现服务维保、进度管理、服务评价等，真正做到"用机无忧"。

数智供应链的业务运作层，包括数智化计划、数智化采购、数智化生产、数智化履约、数智化逆向等。

数智供应链的管理保障层，包括战略、组织、人才。建立战略执行保障体系，可为数智供应链战略目标的有效实施创造有利条件、提供有力保障。组织创新需要供应链企业审视自身战略，找到战略薄弱点及未来突破口，不断创新数智化运营的组织功能，推动数智化战略落地。人才则指人才的培养，培养领导、员工的数智供应链理念、技能，以及提升业务能力。

3. 基础设施

基础设施包括网络与连接、应用、平台、数据、算法和治理，以及所需要的智能设备等。

网络与连接，指通过有线方式、无线方式连接数智供应链上的"人、机、料、法、环"等多个要素，完成数据传输、要素接入。要素接入的方式有很多种，比如现场总线、工业以太网、时间敏感网络（TSN）等有线方式和 5G、

Wi-Fi、WIA等无线方式。

智能设备，指各类具有自感知和自执行能力的设备，包括箱式仓储机器人、盘点机器人、自动导引车（AGV）、有轨制导车辆（RGV）、自动贴标机、分拣机器人等智能仓储、运输、包装、分拣设备。

举一个例子。AGV是一种无人驾驶的小车，其作为智能工厂的标配之一，可以按照地上的磁控线，自己完成运输、避让等动作。以往其利用Wi-Fi连接控制，现在多使用5G专网。为什么改用5G专网，而不是Wi-Fi了呢？ Wi-Fi的漫游切换时间平均为809ms，丢包率接近38%。传统的Wi-Fi网络解决方案还涉及多类别、多品牌设备的使用，维护改造成本较高。5G专网在网络时延、漫游切换、稳定性、可靠性方面表现更优。在实践中采用Wi-Fi时，受带宽所限，指挥调度的网络容量不够，会造成AGV掉线和AGV调度系统崩溃。而采用5G专网后，AGV基本不存在掉线的情况，AGV调度系统更加稳定，5G通信技术的低时延也让搬运过程变得更加安全。

数据算法也是"底座"的重要组成部分。和传统的供应链相比，数智供应链的核心是数智化决策，是基于"数据＋算法"的决策方式。其可广泛连接供应链内部各专业领域、企业内部各职能部门及企业外部的生态伙伴，自动获取宏观环境数据、客户需求数据、企业产品数据、自身经营数据、销售线索和机会点、发货数据及外部重大风险事件等，通过数据的结构化分析和量化分析，应用客户需求预测模型，输出客户需求预测，给出销售策略、资源计划和风险防控建议，为供应链提供高级分析、数据识别、智能决策等功能。

"底座"还要解决数智供应链运作、生态协同和价值创造过程中的信任问题。这是指面向供应的透明化和可靠性，不同环境和条件下的有效需求、生产、采购，面向交易环节的信任保证，面向物流交付的安全与效率；对供应链参与者的追溯等。

3.3 业务模块

1.计划

生活中常说："计划赶不上变化快"。但实质上，供应链计划的数智化转型是整个供应链数智化转型的核心。可以从以下两个方面来理解它。

一是对供应链来说，计划就是一切。第1章介绍了 SCOR 模型，在其5个管理流程中，"计划"为流程之首，控制和影响着所有其他流程。

二是数智供应链的最根本性变革是基于"数据＋算法"的数智化决策方式，而计划正是决策最重要的部分之一。

供应链计划包括需求计划、供应计划、库存计划、销售和运营计划（S&OP）、分销资源计划、订单计划、发货计划、补货计划等环节。供应链协同的基础，是基于同一个需求计划达成共识，它不是营销预测、订单，也不是预算，而是一个综合考虑需求、条件和风险，以达到利润最大化的流程。

需求预测应用数智化技术，始于数据，取决于算法。物联网提供实时数据流，区块链提供可信的数据流并可提升金融交易能力，人工智能解决需求与供给的匹配问题，并根据供需关系的动态变化进行自适应调整，以提高计划的时效性和准确性。

实践中通常用S&OP串起需求计划的流程。

S&OP的概念最早诞生于20世纪80年代中期，在欧美企业里获得推广应用，后来被引入我国。需求计划是S&OP的主干，好处在于形成跨职能的共识。S&OP对市场营销和销售计划，以及制造、研发、采购和财务方面的有效资源进行综合平衡，以此更新各部门业务运作计划，协调一致，实现公司总体经营战略目标。

在S&OP的基础上，SAP[6]建立了新一代供应链计划解决方案——集成业务计划（IBP），如图3-3所示。

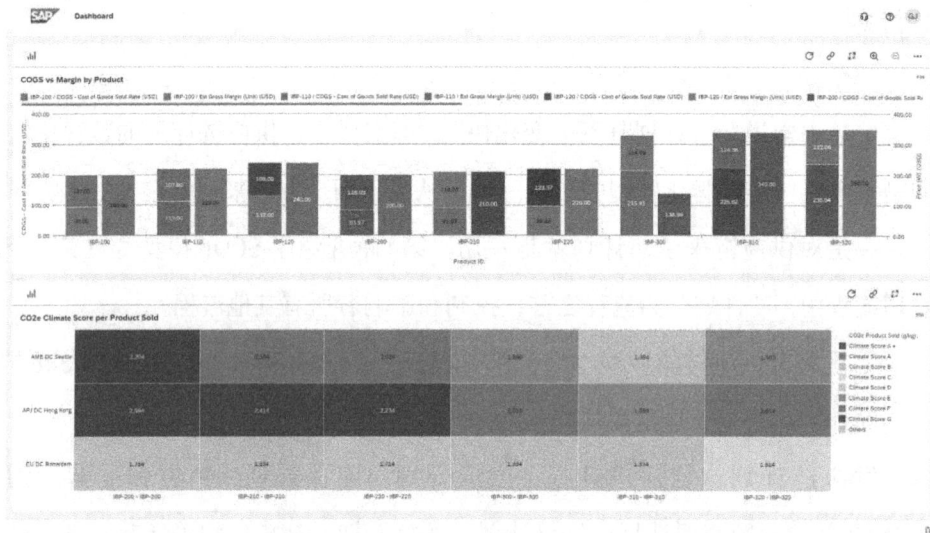

图3-3　SAP IBP（资料来源：SAP官方网站）

人们比较熟悉的是SAP最初推出的产品——SAP R/2和SAP R/3，其为全球建立了企业资源计划（ERP）的标准。SAP IBP借助机器学习技术、广泛互联的流程及强大的流程可视化，整合了销售和运营计划、预测和需求计划、响

---

[6]　Systemanalyse And Programmentwicklung的首字母缩写，意为系统分析程序开发。

应和供应计划、由需求驱动的补货及库存计划等功能。SAP 的另一个优点是，把很多优秀的供应链管理业务集成于同一平台上，从而提高企业应对供应链风险的能力。

2.采购

大概在 2005 年，电子采购兴起。10 年之后，在电子采购的基础上增加了预测分析，产生了"数字化采购"这一采购模式。随着人工智能、机器人流程自动化、区块链等新技术的发展，加入算法和模型，又产生了"数智化采购"。

数智化技术的发展推动采购升级为战略采购。战略采购的定义由 Carr 和 Smeltzer 于 1997 年首次提出。她们将战略采购定义为"是计划、实施、控制战略性和操作性采购决策的过程，目的是指导采购部门的所有活动都围绕着提高企业发展能力展开，以实现企业远景计划"。其优点在于降低采购物资的总拥有成本（TCO），并可为企业创造价值。

为什么提的是总拥有成本？采购成本通常由两大部分组成。一部分是可见成本，如原材料、半成品或成品成本，采购管理成本，运输成本，验收成本，仓储成本等；另一部分是隐性成本，如时间成本、库存积压成本，以及劳动力成本、报废费用、维修费用、更换费用、风险成本、培训费用等容易被忽视的成本。如果企业平时常用的采购优化方式，是议价和供应商再选择，就很有可能导致可见成本降低但隐性成本上升，最终使得企业总成本上升。

战略采购的关键是价值创造。哈克特集团有一个采购管理成熟度模型，把采购分为 5 个发展阶段，分别为确保供料、最低价、总拥有成本、需求管理和全面增值，如图 3-4 所示。根据采购模式的发展路径，越往上创造的采购价值越大，对数智化能力的要求也越高。

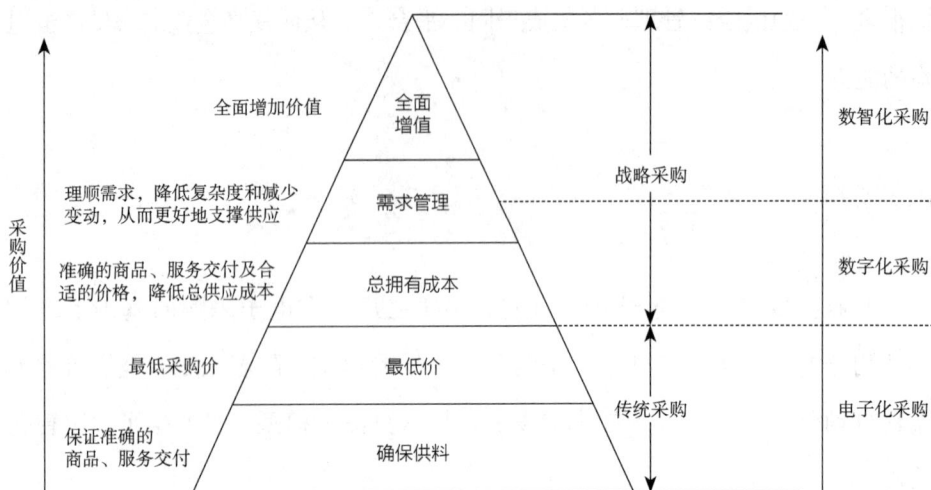

图3-4　采购管理成熟度模型

数智化助力实现采购全面增值，可以从以下3个方面入手。

（1）战略寻源

构建品类选型评估要素模型，制定品类采购策略，提高采购效率。建立公开采购平台，将企业内部的需求通过供应商门户与供应商对接，使供需双方实现实时在线。一个好的采购寻源平台，还要解决采购项目之外的事务。当企业找到新赛道、新的发展机会时，要找到具备创新能力、设计能力、测试能力的新参与者，加快引入新合作伙伴的进程。采购寻源平台可基于产业、企业供应商协作网络的大数据，为公司提供更精准、更高效的解决方案。

（2）供应商管理

对供应商的基本信息、经营情况、资质等进行数字画像，建立供应商综合评估要素模型。在合作过程中，同步记录供应商绩效数据，通过数智化技术分析和改进推荐方案。通过实时数据可视化工具及过程追踪，提升供应商的绩效管理及风险管理水平。

（3）自动化采购执行

基于采购计划下达采购订单。在采购执行环节，实现合同、订单、发货通知、发票维护、付款管理、风险与合规管理的批量、自动化执行，极大地降低采购执行成本，并提高了采购执行效率。再进一步，可在此基础上沉淀数据，为供应商提供按需融资的供应链金融服务。

3.生产

从接受一个生产订单到成品发货再到交付客户，会经历产品设计、生产准备、原料采购、生产加工、装配、检测等生产环节。

数智化生产，最根本的改变是从计划驱动、管理驱动到数据驱动。准确获取实时、在线的采购数据、生产数据、设备数据、环境数据、质量数据、人员数据等数据，实现数据驱动业务和管理，进行监控、预测、控制和决策优化。

数智化生产可以解决以下两个问题。一是提高订单响应时效，由于市场环境、产品特征等的不同，订单响应时效通常不同。从商业角度来看，当然是成本越低、响应速度越快越好。二是更好地应对不确性因素带来的挑战。由于渠道多样化、消费者个性化需求释放等因素，供应链更加复杂，因此生产要具备足够的柔性和敏捷性，才能应对不确定性因素带来的挑战。

在生产的数智化转型过程中，有一段时间将制造执行系统（MES）作为智能制造的落地标志。MES对生产线上的生产过程、资源和数据进行集成管理，以提高生成效率与质量，降低生产成本。数智化生产必须是数字化、智能化的。制造运营管理（MOM），作为数智化生产的系统大脑应运而生。

MOM平台是支撑精益制造和智能制造的重要平台，其在数据驱动下管理着整个制造过程。基于规则、数据、算法，MOM平台连接维护运营管理、质量运营管理、库存运营管理与生产运营管理。MOM平台包含了MES的功能，还集成了采购管理、库存控制、供应商关系管理（SRM）和仓库管理系统（WMS）等供应链功能，是由多种软件构成的平台。

智能化供应链的标识之一，是进入柔性生产阶段。利用柔性制造系统（FMS）、柔性制造单元（FMC）、柔性生产线（FML）进行产品的加工、装配、优化控制。这些单元模块与MOM平台中的许多模块，如计划排程、生产执行、物料配送、质量管理、设备监控等相关，遵循标准的集成协议，实现与MOM平台的统一集成。

人工智能技术是在生产制造中应用最多的技术之一，如生产装备、生产线、物料存储和搬运的自动化和智能化；在生产管理中，根据不同的作业环境制订最优作业计划、实现最优作业调度；质量控制方面的在线质量检测、分析和控制；基于深度学习的质量改进、工艺过程优化；机器视觉在制造业中的应用等。应用智能设备自动感知、人工智能视频智能分析、增强现实辅助作业等数智化技术手段，监控和优化生产过程，自动完成生产制造过程防呆防错、安全合规操作和质量检测作业。通过实时记录生产制造绩效，开展绩效分析和基准测试，动态优化生产制造过程。

现阶段，数智化生产的"最高境界"是什么？以笔者的理解，就是数字孪生车间。通过物理车间与虚拟车间的双向真实映射与实时交互，实现物理车间、虚拟车间、车间服务系统的全要素、全流程、全业务数据的集成和融合。物理车间、虚拟车间及车间服务系统的不断交互、迭代优化，使得生产要素管理达到最优。

4.履约

履约是对客户订单进行全生命周期管理，及时、高效地完成交付的全过程。

数智化履约，整合供应能力、客户需求、库存水平、运输能力等数据，统筹客户订单、生产计划和运输计划等，实现仓储作业集成调度、与客户订单的履约交付、生产原材料和成品发运、运输配送的收货和送货等环节无缝衔接，搭建模型，进行实时分析、动态规划，以提升履约效率，实现对客户订单的最优匹配。

当企业同时拥有多个线上、线下渠道时，最重要的是保证不同渠道的订单都能及时履约。如何实现 B2B 与 B2C 的全渠道配送，在本书第 5 章的 5.2 节中有更详细的阐述。

将数智化技术应用于履约的各个环节主要体现在以下 3 个方面。

（1）线上化自动交易

运用电子合同和线上订单，实现订单全生命周期履约状态可视、履约过程可追溯。

运用电子支付、远程验收、电子结算、电子发票等方式实现全程无纸化和无接触式的订单信息流自动化处理。

（2）自动化仓储

整合仓储业务的收货入库、上架、移库、拣料、理货、包装、出库等作业环节数据，通过智能化的库存与补货策略进行作业任务排程，以实现系统生成作业指令的自动下发。

将自动化机器广泛应用在货物自动分拣、仓库盘点、码头集装箱自动化搬运等作业中，可以改善人工作业效率低的问题。

基于智能物流调度系统可以实现物流终端控制、商品入库存储、商品搬运、商品分拣等作业全流程的自动化。

（3）智慧物流

整合行业物流资源，与仓储节点、运输航班和航线、机场和港口、公路和铁路、物流增值服务等物流资源进行数字化连接。

结合计划和订单需求，输出推荐的优选方案，智能制订运输计划。实现运输委托、收发预约、运输执行、送货和收货预约、到货验收、费用结算等信息流端到端的线上化执行，实时同步信息，履约过程可视。

在快递转场中引入智能化设备，提高自动化分拣效率。

在物流配送与交付过程中，采用库存管理软件、条码（或 RFID）数据采集、自主补货机制、无人机技术、无人驾驶技术等。

5.逆向

逆向流动指货物由用户返回生产者，通常用于退货、维修、回收、转售等售后服务。便利、操作简单、快捷的退货流程是提供正向客户体验的关键，逆向供应链正在逐渐受到重视。

从企业履行社会责任的角度来看，对商品进行及时回收和处置或再利用，可节约资源，保护环境，实现绿色可持续供应链。

逆向供应链还有一种令人意想不到的作用，就是寻找假冒产品。因为不能正常使用，所以消费者会把假冒产品退回正规公司。

逆向供应链的产品流、信息流、资金流这"三流"和正向供应链不同，需要设计相互依存关系和反馈回路。比如，需要根据回收产品的可拆解性、可恢复性与可再生性构建数字化评估模型，在将待处理的商品送入不同的逆向物流渠道前，要先根据模型进行精准、有效的判断，之后再决定每个物件的处理渠道。

应用高级分析、3D 打印、物联网和机器学习等关键技术，再加上人工智能、区块链技术，使全链条可视、安全、合规，精准、有效地管理逆向源的识别、逆向业务执行、实物报废和价值恢复过程，并提高原材料利用效率和服务决策的潜力。

3.4　解耦能力和业务服务化

京东物流的发展有以下几个重要阶段。

2007年，为了和阿里巴巴旗下的电商平台进行竞争，京东开始自建自营内部物流部门，以追求更快的时效和更好的服务。

2017年，京东物流集团成立，提出要"对外开放"，开始为外部客户提供物流服务和解决方案，京东集团董事局主席刘强东定下目标，未来5年，京东物流来自京东平台的收入必须低于一半。

2021年，京东物流上市。同年8月，京东物流上市后的首份财报显示，2021年上半年京东物流外部客户收入达到265亿元，占比为54.7%。这是京东物流外部客户收入在总收入中的占比首次超过50%，提前完成了"来自京东平台的收入必须低于一半"的目标。

许多企业都在寻求内部物流的对外开放，为何只有京东物流能在如此短的时间内达成外部客户收入占比过半的目标？时任京东物流CEO的余睿给出的答案是：解耦[7]。

解耦这一概念，最早来自数学和物理学，表示解开系统之间的连接关系。

---

[7]　中国企业家杂志. 物流行业必有一战！余睿"解耦"京东物流［G/OL］.［2021-11-03］.

其后来在软件设计方面影响深远，软件业认为系统间存在"耦合度"，解耦就是降低耦合度。其本质是把过去一体化的东西模块化，通过一个固定通道（接口）对这些模块进行结合，而接口的两边可以自由定义。

供应链服务的特征是行业特性、商业场景千差万别。京东物流的解耦，即把原来深耕行业所沉淀的能力和解决方案，拆成多块相互独立又能自由拼接的、标准化与模块化的板块。这些板块能够持续复用，而且能以低成本、高效率的排列组合，为不同行业的客户制定灵活的、高性价比且成熟易用的供应链解决方案。

无论是对于通信网络还是云服务的发展，解耦都是一种常用的方法，解耦的过程将极大地提升产业效率。比如在 5G 网络中，软硬件解耦是 5G 网络架构变化的基础，可以使软硬件独立发展；业务与物理网络资源的解耦，更便于进行业务部署和网络管理，可更方便地支持面向不同行业和不同应用场景的差异化的网络需求，也可以更高效、灵活地提供网络服务。

在供应链领域，供应链的解耦指按照服务逻辑和边界对供应链进行拆分，在将供应链各要素标准化后，将它们模块化和组件化，再通过数字化手段进行固化。灵活地将各模块组合、编排在一起，以构建敏捷的、灵活的业务流程，甚至还可以将方案做成套餐。通过解耦战略，企业可以将能力标准化、模块化，以提升复用性，按需组装模块，把基于业务的横向拓展转变为基于能力的横向拓展，让客户可以按需选择对应的模块。通过不断解耦产品与服务，企业在提供对外服务的时候，能第一时间满足新行业、新赛道、新客户的供应链需求。

从产业实践的角度来看，京东在构建能力共享型平台。

基于产业需求，解耦产业能力，将产业链现有要素（产品、服务、研发、能力）标准化、模块化，能力、服务将是构建未来产业平台商业模式时需要重点关注的要素资源。就平台构建者（企业）而言，能力解耦的过程，其实也是充分识别企业自身在产业链中的资源优势、独特能力及行业影响力的过程。这有利于企业在未来的平台建设与运营中充分发挥自身优势。

行业龙头企业在产业链关键环节（如物流设计、研发、生产、服务等某一个或多个领域中）具备独特竞争力，将行业龙头企业自身的某项或某类可规模化、标准化、体系化的核心业务能力（如研发设计能力、生产制造能力、数据服务能力等）解耦，通过平台将这些能力向产业链上下游企业及关联产业中的企业开放，可使企业获得新的业务增长点，并可将其核心业务能力打造为产业级服务能力。产业上下游企业及相关产业伙伴则能以更低的成本、更高的效率享受行业领先的优质服务，共享行业领先的业务能力。从产业效率的角度来看，可实现产业资源的重新配置，大幅提升产业协同效率，降低平台整体运行成本。

企业以能力共享型模式切入产业链的成功实践越来越多。如功夫集团打造的"功夫鲜食汇"平台、海底捞打造的"蜀海供应链"平台，已成为餐饮业龙头企业基于供应链能力的行业共享构建产业链的典范；天瑞水泥集团打造的"大易物流"平台、传化集团打造的"传化物流"平台，已成为传统制造企业基于自身物流能力的社会化共享构建产业互联网的典范；鞍钢集团打造的"鞍钢值采平台"、中国大唐集团打造的"大唐电子商务平台"，已成为传统集团型企业基于采购和供应链能力的社会化共享构建产业互联网的典范等。

第 4 章

04

关键技术与应用

技术支撑供应链的数智化转型，但数智化转型不是简单地等同于部署和应用这些技术。数智化转型驱动组织、业务流程、人员、制度、文化、业务模式等方面的整体变革，并和其他企业协同，从而在整个行业的生态链中推动价值的实现。

行业不同、企业的发展阶段不同，对技术在供应链中的应用有不同的理解。整体而言，主要作用是帮助解决供应链"可视""可控""可信"3类问题。

"泛终端全渠道销售联盟"是一个新型营销服务体系，可以被认为是通信产业的中台。中国移动为中小渠道进行数字化赋能，开展智慧营销、智慧运营。也就是说，中国移动打造中台是数智化转型举措，同时公司还希望通过中台帮助全社会进行数智化转型。

4.1 技术的关注重点

生产力和生产关系是马克思主义政治经济学的两个基本概念。用辩证唯物主义的观点来看，生产力决定生产关系，而生产关系反作用于生产力，适合生产力性质和发展要求的生产关系又能促进生产力的发展，如图4-1所示。

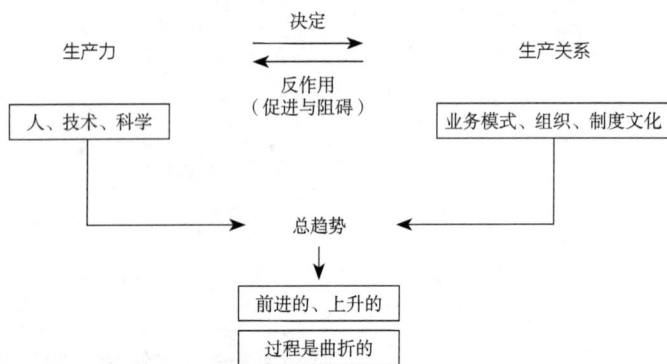

图4-1　生产力与生产关系的相互作用

以5G、人工智能、云计算等为代表的新一代信息技术，加速融入民生和经济社会发展各领域，成为人类文明发展不可或缺的"数智化生产力"，推动劳动者、劳动资料、劳动对象发生深刻变化。数据融通，释放新型生产要素潜在价值。数据成为数字经济时代的重要生产要素，正快速融入生产、分配、流通、消费和社会服务等领域，大幅提升全要素生产率。

业务模式、组织、制度、文化是生产关系要素。供应链的数智化转型，是上述生产关系的变革。

技术支撑供应链的数智化转型，但数智化转型不是简单地等同于部署和应用这些技术。数智化转型驱动组织、业务流程、人员、制度、文化、业务模式等方面的整体变革，并和其他企业协同，从而在整个行业的生态链中推动价值的实现。

如何更好地将技术应用在供应链中呢？应关注以下 4 个方面。

1. 关注问题的解决

行业不同、企业的发展阶段不同，对技术在供应链中的应用有不同的理解。整体而言，主要作用是帮助解决供应链"可视""可控""可信"3 类问题。

可视：这是供应链数智化转型的基础，即"数据要能在同一个平台上，以同样的标准，如实地呈现，实现管理的透明化与可视化"。整个链条想采集到数据，要及时且准确、有验证、内外一致。可以借助 5G、物联网、云计算等技术增强货物感知能力，确保实时获取交易数据，并有效组织生产。

可控：这里指辅助供应链过程管控、企业智能决策。能及时发现并及时解决在产品制造过程中出现的上下游企业协同效率低等问题。可以利用大数据、人工智能、云计算、边缘计算等技术，支撑精细化管理及经营决策，保障供应链运营的灵活性。

可信：解决供应链上下游企业互信建立难、信息共享程度低等问题。在这方面，多应用分布式记账、不可篡改、全程可追溯的区块链技术。

2. 关注技术趋势

对于在数智供应链中运用的新技术，不同的研究有着不同的列举。在技术趋势报告方面，Gartner 发布的年度战略技术趋势报告，常为供应链领域所借鉴与应用。其 2018—2020 年 Top 10 战略技术趋势，如图 4-2 所示。

2018年	2019年	2020年
人工智能基础	自主设备	超自动化
智能应用与分析	增强分析	多重体验
智能物件	人工智能驱动的开发	专业知识的民主化
数字孪生	数字孪生	人体机能增强
边缘云	边缘计算	透明度与可追溯性
会话式平台	沉浸式体验	边缘赋能
沉浸式体验	区块链	分布式云
区块链	智能空间	自动化物件
事件驱动	数字道德和隐私	实用型区块链
持续自适应风险和信任	量子计算	人工智能安全

图 4-2　Gartner 2018—2020 年 Top 10 战略技术趋势

从 2020 年起，Gartner 把年度战略技术趋势报告从"Top 10"，转变为根据当年技术的发展情况进行排名，可为 Top 9 或 Top 12，而且更加聚焦于组合技术，特别是相关企业及社会全局性的技术，而不再聚焦于单个技术。

2022 年 11 月，Gartner 发布"2023 年 Top 10 战略技术趋势"。Gartner 以"可持续性"一词贯穿整年的战略技术趋势，围绕优化、扩展、开拓三大主题，包括可持续技术、元宇宙、超级应用、自适应人工智能、数字免疫系统、应用可观测性、人工智能信任与风险和安全管理、行业云平台、平台工程和无线价值实现10个战略技术趋势。

其中有几个战略技术很有意思。

例如，"优化"主题下的数字免疫系统技术，最早是指一套完全自动化的防病毒解决方案。在这里，该技术是指一套用来构建稳定系统的软件工程方法、技术和实践，是通过为数字系统"打疫苗"，来提高系统的鲁棒性。

又如"开拓"主题下的元宇宙技术。Gartner将元宇宙定义为"一个由虚拟技术增强的物理现实和数字现实融合而成的集体虚拟共享空间"。实现元宇宙的一个重要指标是新型基础设施建设的完善，对网络、算力、设备等都有更高的要求。笔者认为，这是一个产业数字化、数字产业化的过程。在这个过程中，会产生新的模式，出现新的价值。

"开拓"主题下还有超级应用技术。其最大的应用案例是支付宝和微信，现在已成为一个战略技术趋势，被很多西方国家效仿、复制。

3.关注技术成熟度

每一项技术都有从创新初期到发展期，再到成熟且普及的过程。关注、认同一个技术，到技术真正投入使用，再到普及，是需要时间的。

科技行业有一个生命周期理论，被称为Gartner技术成熟度曲线，有时也被称为技术循环曲线、光环曲线。具体来说，其横坐标是时间，纵坐标是人们对这项技术的期望值；把一项新技术从诞生到发展再到成熟的过程，分为萌芽期、膨胀期、泡沫破裂期，然后重整进入复苏期，最后进入成熟期的5个阶段。它表现的是一项新技术从诞生到低谷，再到真正实用化的发展过程，如图4-3所示。

第1个阶段：萌芽期，市场对该技术产生兴趣。

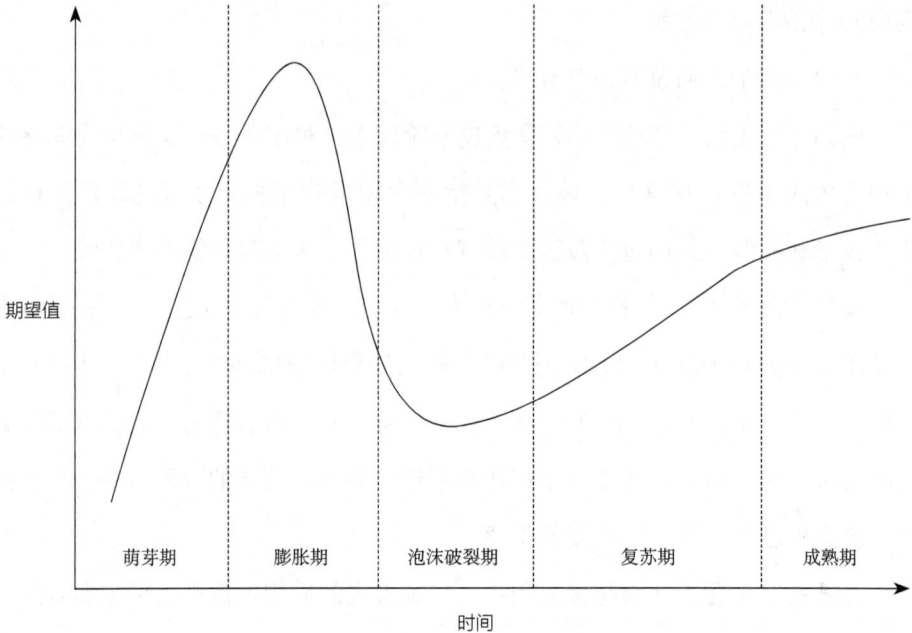

图4-3　Gartner技术成熟度曲线

第2个阶段：膨胀期，虽然该技术还不够成熟，但市场对其寄予厚望，往往"炒作"过热。

第3个阶段：泡沫破裂期，一旦"泡沫破裂"，市场对该技术的期望从山顶跌入谷底。

第4个阶段：复苏期，在这个阶段，对于有价值的技术，市场期望值会重新提升。

第5个阶段：成熟期，在这个阶段，该技术才会迎来普遍应用，并带来持续的增长。

在Gartner技术成熟度曲线上，各种技术的发展速度是不一样的。并不是所有新技术都能按照这条曲线发展，但大多数新兴且成功的技术，在真正成熟之前，都要经历一轮或几轮泡沫破裂期，在不断的波折和起伏中，通过累积和迭代，最终走向稳定和繁荣。

企业应该选择什么样的技术呢？供应链领导者所具有的一个很重要的能力，是在对基础能力的关注与对创新的追求之间取得平衡。谈技术应用，不能脱离企业本身的发展；真正决定数智化转型路径、各类技术选择的，是业务需求与应用场景。

不同的行业处于不同的发展阶段，企业最适配的技术也是不同的。将企业所处的生命周期阶段和技术的发展阶段相匹配，是一种策略。比如，多数企业会选择比较成熟的技术支持数智化转型。对于少数龙头企业和初创企业来说，建议其选择一些可能不太成熟但有发展前景的技术，提前布局，则可能成为领军者，获得市场竞争优势。

4. 关注信创产业的自主可控

信创产业，即信息技术应用创新产业。信创产业涵盖了基础软硬件、应用软件、信息安全等全产业链，核心是在芯片、传感器、基础软硬件、应用软件等领域全面推广国产产品，实现自主可控、安全可靠。

政府大力推动相关产业发展，提出"2＋8"安全可控体系（"2"指党、政；"8"指关于国计民生的八大行业，分别为金融、电力、电信、石油、交通、教育、医疗、航空航天），力争突破核心技术关键环节的瓶颈，希望能彻底摆脱我国科技尤其是底层核心技术受到严重限制的现状。从底层芯片、整机等基础硬件，到操作系统、ERP等基础/应用软件，国产化软硬件生态已初步建立。

在发展中，要始终坚持实现安全可靠和自主可控。国家出台多项相关政策，这将进一步推动我国信创产业的发展。

①2016年，中共中央办公厅、国务院办公厅印发的《国家信息化发展战略纲要》提出，到2025年，根本改变核心技术受制于人的局面，形成安全可控的信息技术产业体系。

②2021年，工业和信息化部印发的《"十四五"软件和信息技术服务业发展规划》提出推动软件产业链升级的主要任务，基础软硬件国产化是数字经济建设所面临的第一个问题。

③2022年，工业和信息化部印发的《工业和信息化领域数据安全管理办法（试行）》提出，我国数据安全的发展将进一步加快。

④2022年，中共中央、国务院印发的《扩大内需战略规划纲要（2022—2035年）》指出，要加快建设基础信息设施，加快推动数字产业化和产业数字化并实现科技高水平自立自强，强化关键仪器设备、关键基础软件、大型工业软件、行业应用软件和工业控制系统、重要零部件的稳定供应。

⑤在2022年年底召开的中央经济工作会议，又重点强调了关键核心技术攻关。

信息安全及底层核心技术的重要性不言而喻。这是实现产业链供应链自主可控的基础设施。

4.2　关键技术

1. 5G

按照行业内的说法，通信技术的迭代发展周期是大概10年一代。

2022年，5G已商用3年。2022年6月中旬，3GPP正式冻结5G NR Rel-17标准版本，支持手机与卫星直接通信的"非地面网络（NTN）"功能被正式定义。

5G创新最活跃的领域，是工业互联网。其向各行各业提供安防监控、智能家居系统、智能巡检、工业质检、智慧阅片等智能化解决方案，帮助行业提升效率，帮助产业升级创新。5G具有大带宽、低时延、大连接等特性，可有效突破传统无线技术的瓶颈。通过在工厂内构建5G专网，可以连接工厂全域各个环节，使得厂内移动设备的大范围互联和协同成为可能。同时，5G与大数据、人工智能、云计算、区块链等技术的融合应用，为工厂生产体系提供了有力的网络保障与技术支撑。

5G在供应链中的应用，不仅将制造业从电缆中解放出来，而且利用高速、大容量的数据通信、最短不足1ms基本无时延反馈等，让多种智能化工业应用场景成为可能。

　　"5G专网＋AGV"在智能仓储和物料配送中的应用，解决了传统AGV在采用Wi-Fi网络进行控制时存在的信号干扰大、稳定性差及覆盖范围不足的问题，使得作业效率大幅提升。模组自动转运、线边物料循环配送等自动运输场景，提升了配送精准度和库存周转率。

　　5G和IoT的结合能够进行实时的信息交互，进而使得实时、透明交付成为可能，从而提高仓库和分销商之间的信息共享和协同工作效率，提升物流运作和管理的效率、效能。

　　中国移动和宁德时代新能源科技股份有限公司（以下简称"宁德时代"）一起建设了全国最大的5G专网，在"5G＋智慧工厂"领域开展合作，如图4-4所示。走进宁德时代湖东工厂产线，可以看到5G充分融入生产的应用场景：中央智慧工艺感知控制系统、超高速运动全量视频流人工智能质量检测、全量大数据实时检测、增强现实专家系统、智慧物流……

图4-4　依托中国移动5G专网，宁德时代工厂内数以百计的AGV实现全流程自动化作业 [8]

---

[8]　中国日报. 5G赋能宁德时代绿色极限制造 让工厂更"智慧"［EB/OL］.［2022-06-20］.

在日常工作中，5G 允许多种集成的无线 / 接入解决方案，从而极大地推动了数智供应链的发展，提高了和供应商的沟通和协同工作的效率，降低了各类成本。

2.物联网

物联网利用二维码、RFID 等技术及各类传感器等设备，使物体与互联网等各类网络相连接，实现物与物、物与人、所有的物品与网络之间的连接，方便进行识别、管理和控制。物联网体系结构可被分为 3 个层次，即网络感知层、传输网络层和应用网络层。进入万物互联时代，物联网建立在物与物的充分连接之上，实现了物理世界与信息世界的无缝连接。

着重说明移动物联网，这是物联网的一个重要组成。截至 2022 年 8 月底，我国移动物联网连接数已达 16.98 亿，首次超出代表"人与人"连接的移动电话用户数（16.78 亿）[9]。这是一个具有里程碑意义的时刻，标志着万物互联时代的到来。

物联网在供应链中，可以用于实时数据的收集，将物、人和流程一起融入供应链，实现供应链管理的可视化。比如对货物运输及运输车辆工作的全流程进行监控，让不在现场的发货人、承运人和收货人能够随时了解货物的实时位置和实时状态。如果再加上 AI，可以进一步实现数据驱动。比如在需要更换机器上的零件时发出警报，自动向企业的渠道合作伙伴发送警报，从而提供更加动态的库存跟踪。

从全球供应链的应用来看，物联网技术在国际、国内的陆地端已经发展得

---

[9]　新华社. 我国移动物联网连接数已达 16.98 亿户［EB/OL］.［2022-09-21］.

相对成熟。现在正逐步应用在国际进出口海洋货物运输全流程的可视化上。2022年4月，赫伯罗特船务有限公司（以下简称"赫伯罗特"）宣布为旗下集装箱船队的约300万个集装箱安装物联网跟踪设备，为客户提供货物实时追踪服务。除了赫伯罗特，中国远洋海运、马士基、达飞等航运公司也在布局智能集装箱，以实现集装箱的全程追踪。

3.人工智能

人工智能是研究、开发用于模拟、延伸和扩展人的智能的理论、方法、技术及应用系统的一门技术科学。人工智能领域的研究包括机器人、语言识别、图像识别、自然语言处理和专家系统等。

人工智能在供应链中的应用，主要体现在人工智能在库存控制与规划、运输网络设计、采购与供应管理、需求规划与预测、订单选择、客户关系管理等方面的应用。

将其应用在物流交付中，实现物流供给与需求匹配、物流资源的优化与配置，催生了辅助供应链的决策系统、智能柜系统、智慧场站系统、数字化车队管理系统等一系列解决方案。比如，通过分析生产交货时间的历史变化，建立相关预测模型，更好地预测交货日期和物流提供商的表现。同时，能通过动态库存优化来提高客户服务质量，缩短交付周期并降低运营成本。

在货物运输车辆入库时可通过人工智能图像识别技术根据车辆图像识别其唯一 ID（如车牌号），并由流程触发货物运输车辆入库后的一系列货品验收等流程环节。在货物搬运环节，加载计算机视觉、动态路径规划等技术的智能搬运机器人（如搬运机器人、货架穿梭车、分拣机器人等）得到广泛应用，大大缩短了订单出库时间，使物流仓库的存储密度、机器人的货物搬运速度、机器人的货物拣选精度均得到了大幅提升。

有些在供应链中重复率高的业务场景，如系统录入、订单核对、自动开票等，可利用 RPA（利用软件自动化使人工操作转变为由计算机完成的操作）技术，自动处理大量重复的、基于规则的工作流程任务。在元宇宙技术加持下，其又进化成了"数字员工"，24 小时在岗，辅助一线工作人员完成高重复、大批量、标准化、规则明确的日常操作，实现自动化、智能化。

中国移动浙江公司创新推进"数字员工"的开发和应用。其中一位"数字员工"名为"速易通"，负责发票审核、查验、信息填报方面的繁重工作。利用人工智能技术的智能决策虽然还无法完全取代员工的工作经验与能力，但已经可以在一定程度上帮助企业提高工作效率，提升客户体验，优化成本。

4.区块链

区块链是分布式网络、加密技术、共识机制、智能合约等多种技术的组合，具有去中心化、不可篡改、公开透明等特点。

2021 年 5 月 27 日，工业和信息化部、中央网络安全和信息化委员会办公室联合发布《关于加快推动区块链技术应用和产业发展的指导意见》，明确了区块链对供应链管理的改造路径，即推动企业建设基于区块链的供应链管理平台，融合物流、信息流、资金流，提升供应链效率，降低企业经营风险和成本。

区块链在供应链中的应用，为实现供应链上下游企业安全可信提供了解决方案。区块链的本质是一个由去中心化节点构成的分布式账本，既保证链上数据不被篡改，又兼顾了信息保密等问题，实现整个产业链的可视化、可追溯，提高了产业链供应链上交易主体的互信程度。比如，当智能合约中的某一项条款被触发时，算法将代替人为操作自动执行合约内容，有效避免出现违约、抵赖行为。这在跟踪全球货运时，可以缩短来回发送文书所需要的时间。

2021年3月，由中远海运牵头组建的全球航运区块链技术联盟——全球航运业务网络（GSBN）在中国香港成功组建并正式运营。GSBN发布的"无纸化放货"产品将办理进口货物提货手续需要的时间从24~48小时缩短到4小时以内，极大地提高了物流效率[10]。

区块链凭借其"可追溯"的特点，可以确保食品、医药等行业供应链运营的质量，也为生产的全流程可信追踪、全流程留痕监管提供了技术支撑，取得了明显成效。

借助区块链技术，保证数据真实、可追溯，也是为产业链供应链上下游企业提供融资服务的基础。

5.边缘计算

边缘计算指在靠近物或数据源的一侧，采用以网络、计算、存储、应用核心能力为一体的开放平台，就近提供最近端服务。其应用程序在边缘侧发起，产生更快的网络服务响应。

进入数字经济时代，"算力"成为高质量发展的重要支撑。算力通常指计算机能够处理、传输和存储的信息总量，是计算机或计数/数据中心的信息处理能力。随着万物互联时代的到来，产生了很多零碎的、贴近应用端的计算需求，如果全部在云端进行处理，则会出现效率低且浪费的情况，于是就出现了边缘计算技术。边缘计算，将计算、存储和网络服务等资源放置在离终端设备

---

[10] 新华社. 上海打造国际航运中心"升级版"［N/OL］.［2022-03-04］.

更近的边缘节点上,以提高计算速度、减少网络传输时延和降低数据传输成本。也正是因为边缘计算技术可以将数据的处理和分析尽可能地靠近数据源,不仅提高了数据的处理效率和质量,还保护了数据的隐私性。如果用中国古话来说,就是"将在外,君命有所不受"。

边缘计算在供应链中的应用,主要是本地化数据的捕获、管理和分析,满足低时延处理供应链数据和实时、自动化制定供应链决策时的需要。

边缘计算已经渗透到各行各业的供应链中,如一些企业在其仓库中采用无人驾驶叉车,设备供应商可以使用边缘计算来分析何时需要维护或更换部件。

"5G+边缘计算"被广泛应用于工业物联网和智能制造。一方面实现数据不出厂区,数据不到达运营商的核心网或公网,保证数据的保密性;另一方面实现数据物理上不出厂区,保证在本地处理数据,确保了有效的低时延,并减轻对核心网的压力。

4.3 打造中台

在国内，"中台"的概念最早是由阿里巴巴提出来的。

2015年，马云参观芬兰移动游戏巨头 Supercell（超级细胞），该公司出品了《部落冲突》《卡通农场》《海岛奇兵》《皇室战争》《荒野乱斗》等全球热门游戏。其营收高，但员工人数极少。这么小规模的团队，是怎么做成如此大规模的业务呢？其中一个原因是他们把游戏开发过程中需要使用的一些通用的游戏素材和算法整理出来，把这些作为工具提供给所有的小团队。同一套工具，可以支持好几个小团队研发游戏。这种管理方式就形成了一个"中台"的模型。

不久后，阿里巴巴就确立了中台战略，最早从业务中台和数据中台的建设开始，采用了双中台模式；后来发展出了移动中台、技术中台和研发中台等。将这些中台的能力综合在一起，构成了阿里巴巴企业级的数字化能力。

现在各大企业都在打造中台。随着企业业务越来越多样化、越来越复杂，在业务的管理和功能上，出现了不少重合的环节。如果这些环节都要独立开发，则会非常浪费资源。企业中台是把一些驱动业务的中长期模块，在全公司范围内共享给承担服务业务的前台。一方面中台系统能避免重复工作，避免重复建设，减少资源浪费；另一方面又能快速响应用户需求，更敏捷地支撑对一线前台的规模化创新，同时为多个产品赋能，更好地支持创新。

在数智供应链中打造一个中台，可以帮助客户链接供应链上下游企业，打通端到端业务流程，形成一个以数据中台为核心的能指挥供应链的"大脑"，为生产、流通、计划、采购等环节提供数据分析服务和决策支持，解决供应链各环节面临的信息孤岛问题，实现"业财一体化"和"一盘货"管理。

中台通常被分为业务中台、数据中台、技术中台，3个中台相互作用、共同积淀能力、支撑发展、注智赋能。

业务中台将供应链中的各个参与企业的核心能力以数字化的形式沉淀为各种服务中心。其建设目标是将可复用的业务能力沉淀到业务中台，实现企业级业务能力复用和各业务板块之间的连通和协同，确保关键业务链路的稳定、高效，提升业务创新效能。核心是构建供应链共享服务中心，通过业务微架构之间的连接和协同，提供能够快速实现低成本创新的能力，服务于前台一线业务。

数据中台实现了"全域数据打通"。当供应链上下游企业的各类资源都被数据化且被聚集到一个平台上时，资源的供给、业务的需求、协作的界面就会一目了然。数据中台与业务中台相辅相成，共同支持前台一线业务。数据中台除拥有传统数据平台的数据统计分析和决策支持功能外，会更多聚焦于为前台一线交易类业务提供智能化的数据服务，支持企业流程智能化、运营智能化和商业模式的创新，实现"业务数据化和数据业务化"。

技术中台是公司共性技术能力的集合，支撑业务中台的应用。技术中台既包括支撑中台化的信息技术，又包括支撑供应链运营的数字技术。前者是构建中台的基础，如为了服务于多前台业务，所需要建立的标准化服务接口［描述性状态迁移（REST）风格的同步应用程序接口（API）、消息队列异步通信］、服务治理能力（服务框架、API网关、APM等）和敏捷的研发技术；实现底层基础设施灵活云化的云原生技术等。后者是提升供应链运营效率的各类数字技术，比如物联网、区块链等技术。

大中台，小前台。产品只是前台，公司的竞争力体现在中台上，也就是产品背后抓取信息、处理信息的能力。任何产品都是在特定应用场景、特定时间下的一个解决方案而已。

在实践中，供应链中台是能同时支撑多个业务、让多个业务之间的信息形成交互和增强的机制。比如淘宝、天猫、1688，虽然这几个电商平台的业务、商务和面向的客户不同，但是它们的业务都涉及商品信息、订单、库存、仓储、物流等的基本系统。与其为每个平台的业务开发一个独立的系统，不如使用统一的平台来完成基本流程。对共用的环节进行模块化处理，使用实现数据交换和数据增强的中台，同时支撑多种形态的业务。

中台的应用可以扩展到产业。有一批企业成了产业的中台。例如在餐饮业中，美团是产业中台，它为餐厅提供配送服务、流量及数据支撑。所有的餐厅又都保留了自己的品牌，保持个体独立经营。

如果从商业模式来看，这类似于曾鸣老师提出的S2b2C。"S"代表能提供系统的公司，它为很多小"b"赋能，就是小型企业，一起服务了最终用户"C"。核心是S和b要共同服务于C。b对C的服务离不开"S"提供的各种支持，而S也需要通过b来服务于C[11]。

通信行业存在很多中小渠道，这是因为有真实需求存在，但又受个体规模和环境的限制，只能进行最核心的交付，没有能力进行流量运营和用户运营，而无法实现品相与效率的跃迁。对运营商而言，利用数字化、智能化的优势，建立中小渠道难以自营的系统能力、数据能力，整合产业链服务，提升运营效率，进而成为产业中台，是数智化时代的发展机会。中国移动建立的"泛终端

[11] 曾鸣书院. 在未来五年，S2b是最有可能领先的商业模式［EB/OL］.［2017-05-28］.

全渠道销售联盟"是一个新型营销服务体系，可以被认为是通信产业的中台。中国移动为中小渠道进行数字化赋能，开展智慧营销、智慧运营。也就是说，中国移动打造中台是数智化转型举措，同时公司还希望通过中台帮助全社会进行数智化转型。

4.4 案例：中国移动"三新"赋能供应链

在中国共产党第二十次全国代表大会报告中，3次提及产业链供应链。产业链供应链安全是构建新发展格局的重要基础，切实增强产业链供应链自主可控能力，事关经济社会发展大局。中国移动坚决贯彻党中央决策部署，全面落实供应链创新、应用试点举措及创"世界一流"示范企业要求，以"新数智、新生态、新绿色"为主线，擘画数智供应链发展新蓝图，推进公司数智化转型新发展。

2013年7月，中国移动在集团总部成立采购共享服务中心，作为全集团供应链管理与运营的归口管理单位，负责全集团集中采购的实施、大区物流中心的运营，统筹供应链战略规划、采购物流体系建设、供应商质量管理、供应链信息化平台建设及运营等供应链职能管理。目前，已形成包括1个采购共享服务中心（总部）、5个大区物流中心、超过50家分支机构在内的两级供应链组织架构和专业服务网络。"横向归口、纵向集中"的两级采购管理机制，覆盖了全集团各单位，统一规范了全集团采购专业语言，实现"书同文、车同轨、行同伦"。

为更好地贯彻落实国家关于供应链的决策部署，加快提升企业供应链价值管理能力，助力创世界一流"力量大厦"战略全面落地，2023年2月20日，采购共享服务中心更名为供应链管理中心。

经过多年努力，中国移动打造的供应链体系的质量得到高度认可。2021年，中国移动获评首批全国供应链创新与应用示范企业，"数智化供应链管理"入选国务院国有资产监督管理委员会发布的国有重点企业管理标杆创建行动标杆项目名单，连续多年在中央企企采购管理提升对标中取得优异成绩。2022年4月，国有资产监督管理委员会召开对标世界一流采购交易管理体系推进会，中国移动代表优秀企业发言，李慧镝副总经理进行了题为"以'五化'推进采购管理提升，打造世界一流高质量供应链体系"的交流发言，向各中央企业和重点国有企业介绍了中国移动在供应链领域中取得的一系列成绩和进行的优秀实践，中国移动打造世界一流高质量供应链体系。

1. 创新技术平台，锻造领先新数智

供应链战略是企业核心战略的重要组成部分，直接承接企业战略目标运营层面的三大指标（成本、服务、库存），是支撑企业战略措施的运营底盘。自2010年始，中国移动持续编制全集团供应链五年战略规划和三年滚动规划，充分发挥战略的"领航员"作用，立足当下、布局长远，指导公司供应链体系建设工作，实现了从"打根基、建体系"到成为保障全集团高效生产运营的中坚力量的巨大跨越与转型。

面向"十四五"规划，中国移动明确"创建世界一流信息服务科技创新公司"战略目标新定位，提出"推进数智化转型，实现高质量发展"的发展主线。2022年9月9日，中国移动组织召开数智供应链管理系统建设项目实施启动会，公司高层领导指出：数智化供应链管理系统的建设是坚决贯彻落实党中央决策部署的重要举措；是公司构建的"连接＋算力＋能力"新型信息服务体

系的重要实践；是迈向"世界一流供应链"的基础承载。

顺应数字经济时代发展，持续沉淀供应链的数据共享能力，中国移动探索新技术与供应链的融合发展，自主研发、集中部署了供应链大数据分析平台——"哈勃系统"，跨平台整合、挖掘、分析近3000项数据点（共144TB数据），共享供应商、采购、物流等供应链全过程、多角色数据信息，构建需求预测、寻源支持、工业效率监控、供应商画像、质量分析、合规管控等46个应用场景，赋能生产运营，辅助管理决策，深入挖掘并有效释放大数据分析价值；利用5G、人工智能、物联网、云计算、大数据、边缘计算等新技术，在智慧采购、智能仓储、智能硬件等方面实现"多点开花"，自主开发招投标工具、开评标违规行为智能抓取系统、智能仓储管理系统、智能物流作业机器人等多个新技术的智能应用。数智化创新助力公司采购寻源效率提升31%，带动产业链整体库存减少16%。

2.深化产业协同，构建共赢新生态

单点的数字化效率已经不能满足企业生存和发展的需要。产业数智化转型进程的加速推进、数字经济的快速发展成为长期驱动经济增长的重要动力。在数字经济的新蓝海，需要打通整个供应链。这是一个新的时代命题。除了完成自己的数智化转型，继续为用户提供高质量服务，中国移动数智供应链高效地开放自身的供应链能力，同时也有效地集成社会上的供应链要素，带动供应链中的各个环节一起实现数智化转型，成为产业数智化转型的新范式，在宏观层面提升产业效率。

中国移动勇担企业社会责任，充分发挥产业链的龙头带动作用，强化与供应链上下游企业的协同，全面开展与华为、中兴、长飞等供应商的协同试点。

基于双方信息系统对接，形成需求计划、产品配置、订单交易、生产制造、供应链交付、自动报账的全流程在线交互及可视化管理，有效实现信息共享、流程贯通，充分挖掘全流程降本增效潜力，为产业链上下游企业协同发展起到了重要示范作用。

通过4年的协同推进，各合作伙伴与中国移动在协同的规模、流程、内容、系统平台等方面持续深化，在提升供应链效率、缩短供货周期、交易电子化、配置和编码标准化等方面均取得了显著成效，各供应商的订单流转周期大幅缩短，实现大范围的按需排产，减少了呆滞原材料，避免无效备货，大幅度缩短回款周期，降低各合作伙伴的交易成本。

中国移动全面贯彻落实党中央重大决策部署，筑牢"两链"安全稳定防线，落实关键设备安全可控要求，重点解决关键技术问题，确保供应链、产业链的安全、稳定。强化关键核心技术攻坚能力，培养创新自主能力，保障供应链安全可控，针对5G、传输、IT、基础软件等关键领域，中国移动梳理技术卡点图谱，通过投资拉动、采购策略引导、多元化供应等方式带动产业链开展关键核心技术攻关。助力扩大国产化产品应用部署规模，在设备整机安全可控的基础上，进一步向关键器件延伸，引入海光、鲲鹏、飞腾等国产 CPU，持续提升自主可控业务占比，提高供应链极限生存能力。

3.保障可持续发展，践行全面新绿色

为践行"绿水青山就是金山银山"的理念，贯彻落实国家"碳达峰、碳中和"行动方案，中国移动自2007年起连续16年在全集团组织开展"绿色行动计划"，推动节能减排，助力污染防治。积极围绕"资源整合、集约高效、绿色循环"，以制定绿色采购标准、采购全流程无纸化、不见面采购、打造可

循环物流为重要抓手，打造全生命周期的绿色供应链体系。据不完全统计，中国移动绿色采购，通过应用电子签名、电子签章、辅助评标工具等，累计开展超4.5万个在线化（无纸化）项目，采购效率提升超10%，减少碳排放量3.75吨。

2021年7月15日，中国移动联合产业链合作伙伴代表在北京举行"C^2三能 —— 中国移动碳达峰碳中和行动计划"发布会，面对新形势、新要求，将"绿色行动计划"升级为"C^2三能计划"，创新构建"三能六绿"发展模式，加大绿色低碳业务推广力度，带动产业链和全社会共同实现节能减排，持续开展基站、机房、数据中心、办公场所节能减排行动，持续推进4G基站节能运作，创新5G基站建设的节能设计；打造绿色通信机房，推动机房的节能化改造，淘汰落后产能，探索绿色能源应用，通过市场化交易方式购买太阳能、风力、水利等绿色电力，自建绿色能源年产能共约2000万千瓦时。中国移动积极开展绿色供应链的创新实践，持续带动产业链和全社会共同实现节能减排，助力实现"碳达峰、碳中和"目标，保障产业链的可持续发展新生态。（本节部分内容由中国移动供应链管理中心提供）

第5章

05

全渠道的供应链转型

支撑消费升级的是技术升级、

供应链升级、产业链升级。

数智化变革，在本质上是使用尽可能少的能量完成更多的事。一是能量利用率越来越高的过程，二是不断用信息去代替能量的过程。在新的发展格局里，如果在能量或信息层面找到新的技术突破点，那么这个技术突破点就是创造新价值、开拓新市场的新机会。

对于企业而言，到底是核心重要还是边界重要？有没有终局？在实践中，核心更重要，因为只有在能力足够时，边界才能扩张。一方面，企业边界扩张才能打造企业生态，另一方面，盲目地扩张企业边界，最终很难守住边界。企业在聚焦主责主业后，如果还有其他在业界内排在前1~2位的能力，再进行边界扩张才有意义。

5.1　消费新业态、新模式

2022年，中共中央、国务院印发《扩大内需战略规划纲要（2022—2035年）》，其中列举了两个数据，说明消费新业态新模式的快速发展，一是2021年实物商品网上零售额占社会消费品零售总额的比重为24.5%，二是人均服务性消费支出占人均消费支出比重为44.2%。可见目前消费升级趋势明显，更需要着力满足大众个性化、多样化、高品质的消费需求。

消费新业态、新模式是如何演化成的？

近年来，预制菜出现在市场上。作为一位消费者，笔者购买过知味观的东坡肉、梅干菜焖肉；松鹤楼的苏州汤面、手剥河虾仁；广州酒家的豉油鸡、茶点系列——足不出户就能品尝到全国各地的美食，而且操作简单，方便快速。

为什么现在会出现"预制菜"？

刘强东在分析第四次零售革命的驱动力时谈到，判断趋势首先要分析趋势背后的驱动因素。从历史上看，每一次零售革命是由两股力量共同推动的结果：**分别是消费的改变和技术的更新**[12]。

预制菜越来越普及的原因首先是市场需求。

---

[12]　刘强东. 零售的未来：第四次零售革命［J］. 中国企业家，2017（14）：77-84.

通过"锁鲜"技术和冷链等标准化体系,不少餐饮品牌将招牌菜制作成预制菜。这为工作忙碌而又追求生活品质的年轻人提供了新选择。新冠疫情让人们在餐厅内就餐的频率降低,进一步"催热"了预制菜市场。

如果从更高的层次看,这是对生鲜农产品进行深加工的一个重要方式,能够解决生鲜农产品行业的结构性转型升级的问题,也是助力乡村产业振兴的一个重要抓手。

2022年以来,广东预制菜产业的多项工作在全国一马当先。广东省人民政府办公厅于2022年3月份印发《加快推进广东预制菜产业高质量发展十条措施》,成为全国第一个把预制菜写入党代会报告、第一个由省政府发文推动预制菜产业的省份。为了制作好这盘"民生菜"、乡村振兴的"硬菜",广东预制菜产业发展基金体系于2023年1月6日正式成立。2023年1月8日,广州(梅州)产业转移工业园(以下简称"广梅园")举行"穗梅新格局 融湾新未来"产业项目集中动工投产活动,广梅预制菜产业投资基金揭牌,以金融杠杆赋能客家预制菜产业发展,成为全国第一支由园区引导成立并重点为园区配套服务的预制菜股权投资基金。

其次,预制菜产业需要科技含量。

从加工层面上看,现在有液氮速冻"锁鲜"技术,可以在菜品完成烹制后进行超低温速冻,避免营养成分的流失;而非热杀菌技术,可以保证菜品的新鲜。

除了针对菜品本身的锁鲜技术,还需要冷链技术上的突破,以实现全流程冷链仓储配送。冷链其实有悠久的历史。早在明代,便有"六月鲥鱼带雪寒,三千江路到长安。"行业内有一句话:**"短期起势靠流量,中期可持续还得看供给。"**意思是在新行业产生初期,常出现存在大量需求但供给不足的状态,此时有些企业能依靠供需失衡在一段时间内获利。接着,进入行业的企业多了，能获利就要靠提高供应链的能力了。也只有良好稳定的供应链，才能支持产业规模化发展。2021年12月12日，国务院办公厅正式印发《"十四五"冷链物流发展规划》，"冷链物流"被提升到国家战略的高度。冷链基础设施已经成为物流新型基础设施建设的重要内核。

预制菜这一消费新业态、新模式，由于其具有有效期较短、订单分散、冷链运营成本高的特性，因此需要兼顾精细化管理、销售预测、成本控制、扩展商业模式等多种需求，单一仓储难以满足。顺丰速运为此提出过"干支线运输＋冷链仓储服务＋快递配送＋同城配送"一体化物流解决方案。通过打造食品溯源系统和全程仓储运输温湿度实时可视化监控系统，确保预制菜的安全、新鲜，解决预制菜行业的食品安全、库存积压、运营成本等一系列难题，将预制菜"高效即配"到千家万户。

支撑消费升级的是技术升级、供应链升级、产业链升级。

在消费新业态、新模式下，供应链的最主要特征是支撑全渠道。

笔者数年前在企业调研，大概还会提问："你主要是做线上还是线下？"但现在已经不需要了。

在多种因素的驱动下，零售渠道已经向"全"方位不断迭代，从最初的家庭式作坊到超市卖场、连锁门店，再由线下迁移到线上。线上渠道不断创新，直播电商、O2O（线上到线下的商业模式）、社区团购、即时零售等新电商模式层出不穷。而物联网、人工智能、AR/VR等技术的应用，进一步促进了消费升级。像京东的智能冰箱可以自动识别鸡蛋、牛奶的剩余量，然后自动下单。

"Z世代"入局，新消费人群开始涌现。除了"80后""90后""00后"等分类方式，现在还有一种根据不同世代进行划分的分类方式，即"X世代""Y世代""Z世代"。"Z世代"是指1995—2010年出生的一代人。他们是"数字原住民",网络是他们日常生活的一部分。这一代人,多是独生子女且生长在相对富裕的环境中,依托网络渠道寻求认同。"Z 世代"正逐步成为未来中国新经济、新消费、新文化的主导力量,他们大多不喜欢随波逐流,有自己独立的个性和喜好,注重消费体验,愿意尝试各种新鲜事物。这是对消费市场极具影响力的一代人。

消费场景开始变得多元化、碎片化、即时化。用户在 4~5 个消费场景里,实现自由无缝切换:消费者的决策逻辑变为"线上发现、线下体验、社区讨论、下单购买,分享心得"。消费者可以在不同的渠道、不同的空间,随时、随地、随心地触发并达成交易,并可以在任何地点获得商品。关于物流交付,国务院在 2021 年印发的《"十四五"现代综合交通运输体系发展规划》提出,展望 2035 年,"全国 123 出行交通圈""全球 123 快货物流圈"基本形成。

对于企业而言,从线下到线上再到全渠道,这是一个从量变到质变的过程。所有渠道都有存在的意义。如果企业只关注一个渠道,则流量一定会被分流,且无法很好地满足用户需求。线上和线下的结合逐渐成为一体,全渠道零售已成为大势所趋。

对于供应链而言,对象颗粒度更细、对象更复杂,对即时性的要求更高。全渠道零售需要高质量的供应链。"高质量"不仅是传统意义上的产品质量好,还意味着产品更安全、能更好地满足用户对品质、个性、参与度等方面的多元化要求。要利用数字技术,跟踪每个供应链层次上的相互关联、协调的行为数据,进行智能化的分析、决策,最大限度地提高效率,提升用户体验和服务质量。

如果再延伸思考:全渠道零售是消费新业态、新模式的完美模式吗?未必。在满足末端服务的时候,还有可能出现更大的变革。

2022 年 7 月 30 日,中国移动董事长杨杰在 2022 中国算力大会上,提出能量和信息是驱动人类文明进步的两大主线 [13]。进入信息文明时代，人类社会发展进入以信息为主导、能量和信息深度融合发展的全新阶段。全渠道零售，对于商家和用户而言，信息推广、搜索的成本更低，供需匹配更加高效，产品统一配送到家，统筹计算下来节省了很多能量。从某种角度来说，这就是减少信息传递的能量损耗，并以一种更有效的方式，用信息交换能量。

数智化变革，在本质上是使用尽可能少的能量完成更多的事。**一是能量利用率越来越高的过程，二是不断用信息去代替能量的过程**。在新的发展格局里，如果在能量或信息层面找到新的技术突破点，那么这个技术突破点就是创造新价值、开拓新市场的新机会。

---

[13] 杨杰. 打造面向信息文明的世界一流信息服务科技创新企业［J］. 清华管理评论，2022（9）：6-13.

5.2 支撑全渠道"一盘货"

对消费者进行及时、有效的响应，已成为供应链之间的竞争要点。**只有以"一盘货"的形式管理供应链，才能应对全渠道挑战。**

企业打通全链路 BC 一体化的流通环节，构建库存总控的仓库网络体系，将线下多渠道、多级经销商库存融合为线上线下"一盘货"，直接发货给电商 C 端、经销商门店、经销商，或者经销商的 C 端客户，让所有渠道都来卖同一盘货，这就是全渠道"一盘货"。

例如，顺丰速运助力预制菜全产业链高质量发展，即打造统仓共配和 BC 全渠道"一盘货"。统仓共配，通过统仓多温串点共配、智能排线及全程实时温控，实现多商家、多商圈共同运作，保障交付高效安全、成本最优。BC 全渠道"一盘货"，实现了天猫、京东、抖音、快手、拼多多、微信等全渠道库存共享、统仓运作，统一入库、存储、分拣、打包、配送。

上述做法的优点在于能够加快商家库存周转，减轻库存压力及降低备货成本，不断提高供应链管理效率。

加快库存周转对商家有多重要？

举个例子，以 100 元的价格买入的货物，以 120 元的价格卖出，毛利率为 20%，将货物放在仓库里，一年才能卖出一次，这个货物的库存周转天数〔从买入（入库）到卖出（出库）的时间］为365天。同样以100元买入的货物，以110元卖出，毛利率为10%，2个月后，这些货物卖出去了，1年内买入货物6次，也卖出货物6次，则库存周转天数为60天（2个月）。

100元的货物，库存周转天数为365天，变为120元，毛利率为20%。一年赚了20元。

100元的货物，库存周转天数为60天，变为110元，毛利率为10%。一年来回周转了6次，每次赚10元，一共赚了60元。

很明显，库存周转天数越少，同样的投入就能获得更多的利润。全渠道"一盘货"提升了供应链效率，让库存周转天数更少。

除了顺丰速运，菜鸟网络、京东物流等物流企业也纷纷推出"全渠道、全场景、一盘货"的服务，通过对全部产品共同布局，打通全渠道和全场景，实现库存共享和统一调配。

一些实力雄厚的企业，则会选择自己进行企业变革。比如联想，很长一段时间采用toB和toC两套工作体系，独立运作，不能有效共享库存，也不能进行有效的资源整合。布局智慧零售业务后，联想集团使用一套体系来支持toC和toB业务模式，最大程度地提高物流、信息流、资金流的效率，使各个环节高效协同，实现库存共享和就近配送。一种新的高效协同的、BC融合的供应链应运而生。具体而言，在原有统仓共配SEC模式的基础上，将全国7个中央仓（CDC）和31个省仓（PDC）和3个城市仓（TDC）升级为智慧云仓体系。智慧云仓体系通过总部统一的一体化信息管理平台直接将订单派发到离客户最近的有库存的仓库进行配送，极大地提高了配送时效，提升了客户体验。

如何判断订单应该从哪里出库呢？有一个优先顺序原则，即①离客户最近的门店，②省仓，③省内其他门店，④跨省仓，⑤跨省门店，⑥全国总仓，⑦同城SEC分销（缺货订单借用），⑧联想城市仓（缺货订单直发）。

在完成自己的供应链升级后，企业往往还会把自己沉淀的核心能力向行业其他企业开放。

联想将联晟智达作为联想创投及全球供应链对外赋能战略平台，面向产业端企业提供智能制造、智慧物流、智联质量在内的智能供应链整合解决方案。海尔旗下的日日顺供应链，则通过供应链管理"统仓统配"模式，在保证供应链效率与客户体验的同时，聚焦用户个性化需求，整合供应链上下游企业资源，提供一体化解决方案，为用户与品牌商创造新价值，构建了一个全流程、全场景与全生态的物流价值链。美的旗下的安得智联，通过服务环节"全链路"、服务范围"全渠道"，帮助企业实现全渠道"一盘货"。

企业在进行全渠道供应链升级时，必然要搭建系统，进行技术升级，但从企业实践的角度来看，有两个关键点，要在搭建技术系统之前做好准备。

一是要先有理念和组织的变革和创新。

一个最实际的问题就是，渠道商可能早已习惯了库存思维，不认为库存产生的相关成本是支出，但渠道商认为向供应链解决方案商支付的物流费用、仓储费用则是一笔新增的支出。再加上原有模式确保了零售商碰到生意时肯定有货，而刚开始尝试全渠道"一盘货"时却不一定能保证这点，因此要先有心理准备和预案。

这要求企业建立**适合全渠道零售的营销和供应链组织**。对原来渠道割裂时导致的组织鸿沟，进行重新设计。对于企业，最明显的就是在销售端推进管理下沉。过去，销售端仅管理经销商、分销商几个层级即可，现在需要将管理下行到门店。

二是要制定适合本企业经营特点的逻辑规则。

传统方法是"靠渠道背库存"，降低销售损失；现在则利用订单中台、库存中台，制订更精准的生产计划和销售计划，优化库存分配机制，提升库存利用率。

全渠道"一盘货"打通割裂的、孤岛式的供应链环节，把线下零售店、经销商及线上渠道集中到一个平台上，因此要控制库存，又要尽可能满足用户需求，需要有一套根据企业战略目标、渠道布局、经营制定的规则体系来提供有效支撑，包括订单发货、总仓库分仓制订补货计划等优先级，对"一盘货"的库存进行管控，确定每个渠道、每个客户的可销售库存；要确保全链条协调一致，需求满足率较高。避免各渠道抢货、私下囤货。

最后，要注意虽然同为全渠道"一盘货"，但不同行业有不同的关注点，要解决的痛点也不同。

比如服装、鞋履、配饰等快消品行业，通常消费者的品牌忠诚度较低，单品销售周期短、用户需求波动大、存货单位（SKU）种类多、品牌商行业与消费者之间的链条长、季节性强，存在预测不准确，多渠道库存管理困难，"仓＋仓""仓＋店"调拨多，成本高等问题。全渠道零售将重心放在提升供应链的快速响应能力上。又如汽车后市场，随机需求多，SKU种类多，难以制订准确的库存计划，那么应重点关注售后配件的供应链响应速度。这些问题都需要在真正面对业务痛点、充分理解商业逻辑之后，利用数字技术解决，让业务提效，让组织提效，让全链提效。

5.3 各方角色的第二增长曲线

在新零售这条产业链上，有品牌商、物流商、渠道商、技术服务商等多种角色，各方力量正在积极推动全渠道零售的发展。下面将着重讨论品牌商、物流商和渠道商这3个主要角色的转型和创新。

1.品牌商

品牌商是最积极拥抱全渠道零售的主体。品牌商的转型主要分为以下3步。

第1步，线上线下融合销售。

太平鸟于2017年与阿里巴巴达成"新零售"全面战略合作，实现线上线下全渠道一体化运营及会员的全域运营。在线下，对超过200家门店进行智能化改造，自动感知用户实现全域营销，并已经实现了线上线下全面打通，包括商品流通的打通、支付的打通、物流的打通，支持门店"扫码购物"、线上购物线下自提。在新冠疫情期间，由于可通过电商平台、小程序、直播等方式实现线上销售，因此减轻了线下门店暂停营业的损失。

第2步，企业通过多样化的互动方式全渠道触达消费者，与消费者高效、个性化、精准地互动，得知用户需要什么样的产品、什么样的服务，从而实现企业的第二增长曲线。

如 Nike 常用的销售方式是通过线上提供官方网站导购，线下提供沉浸体验式、场景化的卖场。还有一种销售方式是消费者登录 Nike App 记录跑步数据，系统通过分析消费者的跑步习惯，为消费者推荐最合适的跑鞋。供应链从原来的商品计划模式转变为以用户需求为主导的商业模式。

基于 Nike 等鞋服品牌商的商业模式转变，衍生出了工厂直配模式，品牌商应具备自供应端到消费端的物流能力，将供应端跟消费端进行有效连接。将消费者的个性化需求反映在制造端、工业链如何反馈消费者的需求上，这就是 C2M（从消费者到生产者）的发展逻辑。

第 3 步，以用户体验决定销售策略。

全渠道品牌商的生存之道在于"**以用户需求为导向、以用户体验为核心**"。中国移动旗下的咪咕咖啡，作为融合了咖啡文化、舒适环境和业务互动的 OMO 体验平台，成为中国移动面向用户提供各项数字业务的线下体验的重要场所，成功打造了消费者对其各项数字产品及数字业务从线上到线下的体验闭环，极大地提升了消费者对咪咕品牌的认知度和品牌忠诚度。

首家咪咕咖啡于 2015 年 9 月在苏州开业，随后拓展至北京、成都等地。在咪咕咖啡，消费者可以亲身体验智能定位桌席、统一人口的全新数字业务及开放式的创意平台。同时，咪咕咖啡还打造了"共创空间"，为创意人才提供可进行聚会、交流的平台。消费者通过使用智能终端可与进店前的门头 Logo 互动并体验游戏、在点餐时可使用美颜咖啡机、在就座后可获得由"席卡＋餐前游戏＋iPad""5G＋Wi-Fi"带来的上网体验，以及通过"多功能互动屏＋主题墙＋货架"获得立体式休闲体验，消费者可以充分感受到不一样的咖啡空间。这样的一个全新数字业务体验厅，在"智能硬件＋软件＋服务"的有机结合中，为消费者创造出"新奇、有趣、轻松、惬意"的开放互动情境，创新了业务体验的载体。

2.物流商

物流商在全渠道产业链中延伸，通常会选择**"电商平台＋线下门店"**的零售模式。

以顺丰速运为例，其利用"电商平台（年丰大当家、年丰小当家）＋物流（顺丰速运）"，打造"物流＋电商平台"的生鲜水果精选商业模式，依托高品质物流，赋能优质的供应链。

顺丰速运最初的业务仅是提供物流服务，已经有了丰富的配送和服务网点，并提供了多项快递服务产品。其从物流领域拓展到电商平台，打造了"年丰大当家""年丰小当家"电商平台。"年丰大当家"是以"原产直达，一手新鲜"为理念的优质电商平台；"年丰小当家"为会员制社交电商平台，为每一位顾客推荐全球新鲜美食与优质商品。"年丰小当家"曾在产业内部发起"不好吃全赔""规格不符全赔""缺一两全赔""坏果全赔"的"四大全赔"服务承诺。根据业界的说法，顺丰速运上市之后，为了更专心地运营电商平台，则将"年丰大当家"与"年丰小当家"作为单独的公司成立并继续运营。

除电商平台之外，顺丰速运也在线下商超零售进行跨界，将快递物流与"新零售"结合。从自营便利店到网购服务社区店，再到社区团购，其几乎尝试了所有能切入的零售业态。

2011年，顺丰速运在深圳推出自营便利店；2014年正式推出网购服务社区店"嘿客"，一时间开店数量呈爆发式增长，于2015年陆续关闭门店，到2016年被纳入顺丰优选，2019年顺丰优选关闭了全部的线下门店。自2019年起，顺丰速运旗下的新零售品牌"丰 e 足食"布局六大消费场景，增设智能柜及自动贩卖机，使用场景从办公室延伸到户外，2022年官宣完成3亿元人民币的 A 轮融资。2021年，顺丰速运推出"丰伙台"布局社区团购，打造城乡供应链综合服务平台。

物流领域"国家队"中国邮政也在开办超市。早在2017年，中国邮政就在北京多个网点开设生鲜销售点，引入生鲜超市。2022年9月21日，中国邮政在江苏江阴打造的苏锡杭生鲜超市开业，主营蔬菜、水果、水产、粮油米面等农产品。中国邮政还在四川成都开了一家"邮蓉生活超市"，打造"邮政网点＋商超＋社区团购"新零售平台。

尝试跨界实体零售的快递企业并不只有顺丰速运和中国邮政，也包括圆通速递、申通快递、中通快递等。

2016年，首家"巨贤百味便利店"在四川成都开业，所销售的全部农特产品均由四川申通快递各地网点推荐，通过申通快递的寄递网络进行运输、铺货。圆通速递打造的"妈妈驿站"已尝试过"快递＋新零售"模式，推出过"妈妈菁选便利店"，主打生鲜业务。中通快递开办的兔喜超市，也鼓励当地的管理者积极对接商超供应链渠道，为兔喜超市门店叠加超市功能。

3.渠道商

企业都在进行变革，将供应链变得更短，让链路上的"角色"发生变化。在这些变化里面受到较大影响的是渠道商。

从前，它在供应链上的角色是"中间商赚差价"。现在，它拥有连通线上、线下的双向路径，对末端进行运营，从而获取更多的销售额。

"从线上到线下"的表现为打通线上渠道，为线下门店进行赋能，优化经营模式，满足消费者对实体消费不断增长的沉浸体验式消费需求，后端物流处理交给物流公司。

1998年，大润发在上海开设了第一家大卖场。在此后几十年里，凭借主攻

二、三线城市的开店策略、极其精细化的门店运营、采用总部集权与门店分权的混合管理模式，大润发销售额实现了爆发式增长。大润发超市在 2020 年 8 月中旬接入了淘宝的淘鲜达，实现了为消费者线上线下相融合的一体化服务。

"从线下到线上"的表现则为电商平台利用大数据优势，向线下门店扩展。

新零售家居时代的每家门店根据不同的顾客消费偏好，通过大数据精选匹配门店特性的商品，再通过智慧门店的互动场景提升消费者购物体验。实现线上线下商品同款同价，支持门店内挑选商品，线上下单，送货上门。

抖音在 2018 年开始为第三方平台"带货"，于 2019 年自建抖音小店；2022 年 5 月，将"商城"放到了抖音首页；2023 年 1 月，上线了"抖音超市"，用户在抖音也可以轻松购买到各类生活日用品了。

全渠道融合是零售业的发展战略选择，在实际过程中，技术对零售基础设施不断进行升级与迭代。在线上和线下融合的背后，生物识别、物联网、人工智能、AR/VR、大数据、云计算、区块链等一系列技术都被融入零售的各个环节，从而对线上线下各个零售环节实现效率的提升、成本的降低和用户体验的提高。

三大角色的变迁有一个共同点，即在新的时代机会来临时，产业链上的各方，不但在现有位置深挖，还积极向产业链上下游，甚至在产业链以外拓展。

为什么要这么做呢？可以使用查尔斯·汉迪（Charles Handy）提出的"**第二增长曲线**"来解释。

查尔斯·汉迪把从拐点开始的增长线称为"第二增长曲线"。任何一条增长线都会经过抛物线的顶点（增长的极限），持续增长的秘密是在第一增长曲线到达顶点之前一条新的曲线开始增长。这时，时间、资源和驱动力都足以使新增长曲线渡过它起初的探索挣扎的过程。

成立一个分公司或一个部门，在市场上寻找风口行业市场，这不叫"第二增长线"。每个企业的"第二增长曲线"，都和自己的"基因"相关。企业从事核心业务，达到极致，积累了资源和能力，然后带着这些资源和能力，把业务的主体放入新的大发展趋势中，形成企业真正的跨越式发展，企业将在新的条件下，继续去满足所服务用户的需求，去回答新的时代命题。

所以，字节跳动旗下的今日头条、抖音短视频等产品，以及汽车资讯平台懂车帝，其实核心都是一套算法。中国移动为自己寻找的"第二增长曲线"，是拓展信息服务领域，提高信息服务供给质量，一体发力"两个新型"（新型信息基础设施和新型信息服务体系），支撑数字经济的提质增速，要成为世界一流的信息服务科技创新公司。

美团的创始人王兴，在创业生涯中经历"9胜1败"，他有3个观点流传甚广。第1个观点，他在接受《财经》采访时提到，**太多人关注边界，而不关注核心**。第2个观点，他在清华大学的题为《20年，从心出发》的演讲中建议大家，**别太把自己当回事**。第3个观点，他在面对各方对美团的舆论时回应，**没有真正的终局**，因为"棋盘"还在不断扩大。

这引出业内人士一直以来热议的话题：对于企业而言，到底是核心重要还是边界重要？有没有终局？

笔者请教了业内人士。在实践中，**核心更重要，因为只有在能力足够时，边界才能扩张**。一方面，企业边界扩张才能打造企业生态，另一方面，盲目地扩张企业边界，最终很难守住边界。企业在聚焦主责主业后，如果还有其他在业界内排在前1~2位的能力，再进行边界扩张才有意义。当然，能力和边界是相辅相成的，企业边界的扩张本身就是一种能力的提升和培养。

关键要"守正创新"。创新是第一动力，不断培养和提升能力，打造差异化领先优势，不断创新，才能够不断提升核心能力，才有能力去实现远大目标和扩张原有企业边界。

5.4 更高效率的即时零售

营销，是让消费者想得起；渠道，是让消费者买得到。

在工业化时代，营销和渠道是分开的，消费者看到广告，然后在门店购买产品；而在数字化时代，营销和销售合二为一，消费者不用到达门店，线上下单希望快速获得产品，这种更高效率的销售新模式被称为"即时零售"。

近年来，即时零售为消费者的生活提供了各项便利服务，除了餐饮外卖，还包括在线上各平台购买生活必需品、药品、服饰等，从商超向全业态、全品类、全渠道持续拓展。越来越多的用户习惯了"线上购物，线下一小时送达"的购物模式，满足"随时随地，所想即所得"的生活追求。

笔者在福州，日常使用的购物软件是朴朴。朴朴在营销时，不仅推荐产品品牌，更反复向福州居民传达："生鲜食材，30分钟内配送上门"，强调其"30分钟快送超市"的核心定位。

朴朴于2016年在福州成立，是采用前置仓模式的生鲜电商，免费配送门槛不高，一次购物满28元即可免运费，达不到免费配送门槛也没关系，配送费只需要3元。

朴朴采用前置仓模式，主打社区配送，省下实体店铺租金和聘请导购人员的费用，把成本用在平台和骑手团队的自建上。还有一种生鲜电商的经营模式是拥有实体店，最典型的案例就是盒马，好处是线下实体店能吸引流量，线上线下备货可共用库存，但店铺租金高。

第三种模式是跟第三方门店合作，打造轻资产平台，由第三方门店提供货物和仓库，平台提供流量和运力，把第三方门店当成自己的仓库来使用，接收到订单后直接去第三方门店取货、发货。类似于现在的外卖配送链条。

即时零售履约配送，即零售商家的即时零售订单的流转全过程，可以将过程描述为用户下单，商家接收到订单，完成拣货、打包，将商品转交骑手进行配送，用户收到商品，直至售后完成的一系列服务过程。这个过程，会让人联想到餐饮外卖。从商业模式上讲，这是即时零售的不同形式。

在整个即时零售体系中，最重要的能力为"即时履约"。 即时履约能力决定即时零售的上限，即时履约能力不足，就会出现订单延迟、订单信息错误、货损等多种问题。无论门店接收到的线上订单有多少，商品无法送到消费者手中，便无法履约。即时零售又是一个履约配送链条长的商业模式。随着市场需求量进一步提高，以及"双11""618"等大型促销活动的升级，零售企业提升即时履约能力的紧迫性更为明显，甚至可以说更为复杂。

提升即时履约能力，要坚持系统性思维。除从订单处理到物流配送的环节外，在仓储和拣货环节，线上平台与线下门店的有机配合、线上平台运营的精细化程度等都是难点，需要商家调整零售企业经营策略、仓店模式协同。举几个实际的例子，店员在拣货时拿取生鲜食品，是选择质量最好的，还是认为反正顾客不在门店购买，拿取距离自己最近的那个商品呢？在拣货、打包的过程中，会不会磕碰商品？在运输过程中有时候会造成"货损掉秤"，要怎么解决这个问题？这需要企业进行综合考虑再制定相关规则。比如朴朴的拣货原则是在拣货、打包时多"拣一只虾"。

零售企业应从组织架构的调整入手，将以"即时履约、即时零售"为核心的线上业务提升至公司战略层面，调整线上平台的商品结构、探索卖场拣货链路、设置合理的仓店模式，逐步尝试适合本企业的"仓拣配"模式，并结合运力匹配模式，最终达到提升即时履约能力的目的。

不断发展的即时零售，引来京东、美团、阿里、叮咚买菜、顺丰速运等巨头企业和其他企业争相入局，纷纷布局加码，在这个新业态里"卖水、卖铲子"（为行业发展提供配套服务）。对于大多数零售企业来说，无法像朴朴一样使用自建的系统平台、骑手团队，实现交付质量可控，因此选择入驻平台，或是寻找第三方物流合作，成为一种性价比较高的选择。

1. 选择入驻第三方开放平台

越来越多的实体店商家采用这种方式连接互联网消费。美团在即时零售赛道上最重要的布局是美团闪购，并在 2020 年孵化出了创新项目美团闪电仓。京东到家、淘鲜达、饿了么等平台，也提供了相关服务。

平台类即时物流服务商以平台订单为业务基础，优势为规模足够大，有丰富的运营经验。对于小微商家来说，以这种方式打通线上渠道，门槛较低。如果商品品类齐全，门店附近 5000 米内都会有用户下单，甚至有接收到十几千米外的订单的情况，提升了门店营业额。

对企业来说，将不同的即时零售、履约平台"混搭"，也具备可操作性。手机厂商也将即时零售平台作为重要的销售渠道，更将其作为新产品上市的首发渠道之一。2022 年 11 月，vivo 推出"新 10 年开篇之作"旗舰 vivo X90 系列智能手机。这款年度旗舰产品，联合美团闪购首发。vivo 与美团达成"平台＋品牌"层面的合作，目标是为企业带来新增量。针对此次合作，vivo 为全国各区域的供给梳理及站内品牌运营配置了专业团队。为保障新产品上市后的首销销量及用户体验，vivo于2022年11月10日启动了体验店全面入驻工作。截至2022年11月15日，全国184个城市超2000家门店已完成线上入驻。

2.与第三方即时物流服务商合作

达达快送、蜂鸟即配、顺丰同城、闪送、UU跑腿等都提供相关服务。第三方即时物流服务商为市场提供了更加多元化的选择。在配送模式上，有自配送、驻店骑手配送/专送，在运力不足时还有众包配送、混合配送。随着新一代信息技术的发展，无人机、无人车也开始出现了。

以沃尔玛为例。沃尔玛对履约时效要求较高，门店区域分布广泛，对骑士服务要求较高，沃尔玛所选用的第三方即时物流服务商是达达快送。达达快送作为达达集团旗下的本地即时配送平台，以众包配送为核心运力模式，搭建起由即时配、落地配、个人配构成的全场景物流服务体系。

在合作中，双方都适时调整了经营策略、业务模式。沃尔玛提升了商品的标准化程度，尽量减少散装称重商品，以确保履约过程中的食品安全；简化工作流程，提升拣货效率，同时尽量避免在拣货过程中出现操作不当而导致商品破损的情况，改善用户体验。沃尔玛还对线上商品的SKU种类进行了精简，在一定程度上提升了运营、履约效率。达达快送则在拣货、交接、配送全环节提供定制化解决方案，实现1小时内送达。

第三方即时服务物流商，为更好地提供优质的即时履约配送服务，除了要有提供优质配送服务的能力，还需要深入履约链条上游的仓储和拣货环节，打通"仓拣配"环节，实现高效链接和协同。2021年的"双11"前，达达快送发布了一套贯穿"仓拣配"环节的全链路即时履约解决方案。在拣货环节中，推出达达优拣，在业内首创"众包拣货"模式，由众包拣货员为商超门店提供拣货服务，服务于门店全渠道订单拣货、商品打包、订单交付等工作，并能够实现拣货作业、拣货管理的数字化和产品化。达达优拣在华润万家超市、永辉超市、七鲜超市、卜蜂莲花超市等都有应用。

解决了"万物"，再来看"到家"。

即时零售行业的崛起离不开庞大物流配送系统提供的有力支持。"到家"主要依靠外卖骑手的能力。除了稳定外卖骑手队伍的留存和拉新，技术的加持也很重要。面对各种突发情况，更多的消费者加速接纳即时零售服务。2022年4月，为了应急，美团在深圳、上海和北京部署了一批无人配送车，提供给酒店、医院、方舱医院和封控小区。根据美团提供的数据，在2022年4月初到5月底，短短两个月，美团部署的无人配送车就在几个城市内交付了70多万份订单，进行了食品、杂货、核酸检测样本和医疗用品的配送。在这70多万份订单里，上海的订单接近40万份。而在此之前，美团无人配送车已经试运营2年，在全国范围内也才运送了150万份订单中的商品。

美团投入大量的研发经费，其中有相当多的研发经费用于探索无人配送车和无人机配送等技术。近期无人配送技术的一个重点研究方向是"如何实现自主交付"，也就是让配送机器人自行将快递和外卖送出（说不定将来还可以顺便把垃圾拿下楼）。

随着即时配送体系在人效、调度、配送工具上的持续进步，这套体系的配送效率还会得到提升，运力成本也会下降，从而会像磁石一样吸引品类多样化的线下零售业。"万物皆可即时配送"会成为一种趋势，"即时配送＋线上线下一体化"将成为一种重要的新零售形态。

5.5 案例：美的集团战略转型的供应链支撑

听在美的集团工作的朋友说过，美的集团数字化转型的开始，与上市有关。

2013年，美的集团以换股吸收合并旗下上市公司美的电器的方式，完成了整体上市。当时美的集团的业务比美的电器复杂，除了家用电器，电机、物流业务等也在美的集团业务里。

因为美的集团里的各个业务条线都是独立运营的，流程、管理、指标不统一，但又需要统一的数据来与资本市场进行对话，所以美的集团董事长方洪波下决心要建立一套统一的运营标准和数据体系。美的集团启动了"632"信息化提升项目，这个项目被视为美的数字化转型的基础和方法论。

"632"信息化提升项目由六大运营系统[产品生命周期管理（PLM）、ERP、APS、MES、SRM、客户关系管理（CRM）]、三大管理平台[商务智能（BI）、柔性制造系统（FMS）、人力资源管理软件（HRMS）]、两大技术平台（MIP、MDP）等10余个子项目组成，核心是智能精益工厂建设。

3年后，"632"信息化提升项目于2015年在所有事业部推广上线。

2016年，美的集团步入数字化2.0时代，逐渐向订单驱动的柔性化生产方向转型，由原来的根据产品类型汇总排单生产，转变为根据客户订单进行小批次、多批量生产。

最早进行尝试的子品牌是"小天鹅"。家电行业传统应用是"以产定销"，现在改成了"以销定产"。将用户下单、工厂收集原料（备料）、生产及发货4个周期，利用全产业链优势优化制造流程，升级制造设备和工艺，"产供销"联动进一步压缩供货周期，将每个供货周期由7天压缩至3天，甚至更短的时间，如图5-1所示。

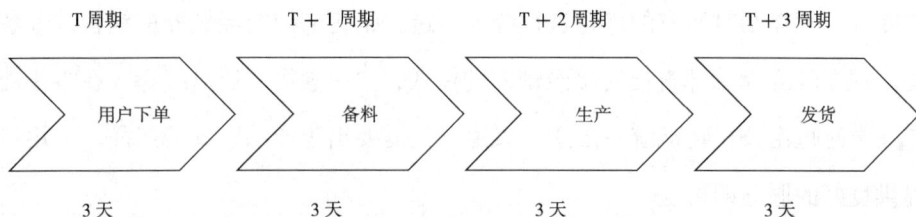

T 周期	T＋1 周期	T＋2 周期	T＋3 周期
用户下单	备料	生产	发货
3 天	3 天	3 天	3 天

图5-1　"T＋3"模式

这个模式被命名为"T＋3"，即以用户下单为起点，为"T周期"，"T＋1周期"为备料期，"T＋2周期"为备料期，"T＋3周期"为发货期。"T＋3"模式的核心业务逻辑是从以品牌商为核心转变为以用户订单为核心。"T＋3"模式要求所有的用户订单均来自一线，在接收用户订单后工厂才组织备料、组织生产、发货等。

支撑T＋3模式的供应链变革，需要将生产制造与市场营销、物流配送、售后服务等全链条打通。在生产环节，美的开发了高级排程系统，不再通过人工经验来排工单，前端接到烦琐的订单，依靠数据系统把订单集约化排进生产流程。这个排程是美的采购、工厂和物流协同的过程，核心供应商也一起参与。

美的案例还蕴含一个被热议的话题：企业在战略转型中，供应链应该自主建设还是外包给第三方公司？

利用第三方物流，支撑渠道或客户的物流配送，相对而言还是比较容易的。困难之处在于，要能完美地契合企业自身的战略，执行好企业自身的战略。比如打破不同销售条线、不同经销商的利益格局，这是要和企业自身联动，而不是由第三方物流提供算法、仓储、配送就能够实现。

在落地过程中，美的集团用的是自家的物流 —— 安得物流（后更名为安得智联科技股份有限公司，以下统一简称安得智联），是重要的一环。核心方法是"统仓统配"。过去经销商采用多地、多仓库的方式，现在打通渠道和分公司库存后，转变为下线直发、协同仓库存共享等。过去，经销商各层级都有库存，现在则对所有的库存进行统仓。过去销售部门对经销商的销售政策各异，现在转变为总部直接对接经销商的模式，"一盘货"通盘统筹。在零售商有需求时也由公司物流统一配送。渠道商只需要出售产品、安装产品、为用户提供良好的服务即可。

在整合各个渠道仓库的同时，美的集团对经销商库存进行集中管理，实现了各渠道货物的同仓共配，从而无须像以前那样为每个经销商分别备货，只要完成安全库存备货即可。再控制好补货的速度，就可以提升库存周转率，减少经销商的资金的占用。

美的集团实现了"有效供需"，在一定程度上将企业库存货物直达消费者。从需求端来看，企业完全得到了市场信息，也规避了牛鞭效应。

组织结构要服从于战略，即企业组织架构需要根据企业战略进行调整，以达到对企业战略的支撑作用。美的集团调整组织架构，重新制定规则。比如，要做到用户直达、就近配送，将企业与用户之间的距离缩短到极致，提高企业与用户之间的交互效率。那么，在组织架构上构建BC一体化的数智化运营体系，打破线上线下、各级代理销售渠道"各自为政"的利益格局；订单由物流供应链运营部统一配送，经销商专注于渠道运营；对于物流配送费用，要考核差异化和分摊，将离岸价变为到岸价。

2021年，随着美的集团智能家居事业群成立，"一盘货"也在深化与变革。这次组织架构调整的核心是"前置仓"战略。安得智联在推进整个货端到消费端的全价值链运营，特别是在线上效益提升之后，还要以全链路的数智化转型带动线下零售店。比如，通过在全国布局1000多个前置仓，实现所有美的家电产品从单品到套系面向消费端的"送装一体"化，在中国任何一个地方的用户购买产品后都会由就近的前置仓来完成"送装一体化"服务，并且让用户全链路可视。

"安得智联"是从服务支撑板块逐步独立发展为战略业务板块。其定位于为制造业提供端到端的智慧物流解决方案，其优势在于覆盖软件、硬件和第三方物流的全套服务能力。2022年11月24日，2022全球产业链供应链数字经济大会在深圳召开。安得智联生产物流解决方案入选"2022产业链供应链数字经济创新案例"。

2022年6月9日，美的集团发布"数字美的2025"战略，提出打造美的数字大脑，为亿级家庭用户、百万级企业用户提供实时、高效的数字化体验，展示出"ALL IN"物联网产业的决心。在这个战略中，安得智联预计2025年外部业务在总业务中的占比将有望突破80%。

06

第6章

智能制造的供应链转型

马克思在《资本论》中写道：

"各种经济时代的区别，不在于生产什么，

而在于怎样生产，

用什么劳动资料生产。"

简单的反向定制，可以被理解为消费者去裁缝店量体裁衣。消费者和商家虽然都不用再为卖不出去的衣服买单了，但个性化定制的成本较高。智能工厂将"定制"与"产业化"结合，真正实现"个性化定制"与"价格"之间的平衡。

发展新能源汽车的意义还远不止于此。在从汽车大国迈向汽车强国的路上，它正带动产业链的其他部分增长。

6.1 智能制造任重道远

制造业，是立国之本、强国之基。中国共产党第二十次全国代表大会报告提出："坚持把发展经济的着力点放在实体经济上""加快建设制造强国""推动制造业高端化、智能化、绿色化发展"。

将新一代信息技术和工业化深度融合，推动制造业向智能制造转型升级，有助于巩固壮大实体经济根基，这也是新一轮全球数字竞争的关键。2021年，工业和信息化部提出：**智能制造是制造强国建设的主攻方向**，其发展程度直接关乎我国制造业质量水平。发展智能制造对于巩固实体经济根基、建成现代产业体系、实现新型工业化具有重要作用[14]。

什么是智能制造？通常认为智能制造源于人工智能技术的研究和应用，我国官方规划将其定义为"基于新一代信息通信技术与先进制造技术深度融合，贯穿于设计、生产、管理、服务等制造活动的各个环节，具有自感知、自学习、自决策、自执行、自适应等功能的新型生产方式[15]。"旨在提高制造业质量、效益和核心竞争力。

---

[14] 工业和信息化部. 关于印发"十四五"智能制造发展规划的通知：工信部联规〔2021〕207号［A/OL］.［2021-12-21］.

[15] 工业和信息化部. 关于印发智能制造发展规划（2016-2020年）的通知：工信部联规〔2016〕349号［A/OL］.［2016-09-28］.

制造业产业模式和企业形态加速变革，产生了数字化研发与设计、网络协同制造、智能仓储、精准配送等一批新业态、新模式，以及智能在线检测、人机协同作业等一批典型场景。

为什么智能制造这么受关注？因为新的技术革命，催生新的生产方式、组织形态和商业模式，大幅度提升劳动生产率，令我国经济在全球经济增速放缓时持续且高质量地增长。

笔者在刚接手物流仓储工作时，正好遇上仓库人员最不稳定的时候，在很长一段时间内都在为维持物流仓储工作的正常运作而发愁，甚至自己带团队去支撑物流仓储工作。当然，这是党员先锋作用的体现，有困难就要冲在第一线。但从管理成熟度上来说，长期靠临时人员支撑工作是不稳定的。于是，笔者推动仓库增添了智能播种墙、拣货车、自动封箱机等自动化设备，再加上进行了仓库库区科学规划、拣货动线设计、订单作业全流程监控、高峰保障机制建立等操作，使日均出库能力、峰值出库能力都得到了大幅提升，并且可以保证较为稳定的输出。可见，哪怕只是初步智能化，也是有作用的。

工程机械受大环境影响比较大。有一个很现实的问题：企业保持多大的人员规模是对的？在行情不好时，还需不需要这么多的员工？如何负担这么多员工的费用？要不要裁员？在行情大涨时，要不要招工？能不能招到员工？招到的员工，工厂要培训他们多久？智能制造就是很好的解决方法。

武汉虹信通信技术有限责任公司在与中国移动通信集团有限公司、中国信息通信科技集团有限公司的合作下，打造了一条5G智能制造生产线。基于设备间的"毫秒级"互动动作，管理人员只需要打开手机，就能进行实时监控、调度，使生产线整体运行效率提升30%，运维人员数量减少70%。

2008年，三一重工已开始使用焊接机器人和切割机器人。熟练焊工的用人成本较高，而且逐年提高，但焊接机器人的使用成本是逐年下降的。

同时，以信息技术融合**制造业与服务业，是推进产业转型升级的必由之路**。

信息技术不断从产品制造向服务端延伸、整合，推动服务业与制造业的深度融合。用户需要的不仅仅是产品，用户真正想要的是"产品＋服务"。随着制造业与服务业的融合不断深入，价值链"微笑曲线"底部环节不断拉平，附加值逐步增加，服务消费的占比越来越高，产业链、价值链有可能重构，构建中高端供给体系。随着制造业和服务业在产业链上的融合，促进制造业和服务业的融合发展，新技术、新产品、新业态、新模式不断涌现，现代产业体系加速重构，产业质量、效益均获得提升。

最后，再来看看工业互联网与智能制造之间的关系。作为当前产业变革的核心驱动力和战略焦点，智能制造与工业互联网常被同时提及，两者联系紧密又相互区别。

从德国的"工业 4.0"战略、美国的"先进制造业国家战略"到英国的"高价值战略"，工业互联网已成为世界主要工业大国抢占国际制造业竞争制高点的核心。在我国，工业互联网应用已覆盖 45 个国民经济大类，培育较大型工业互联网平台 150 余家，连接工业设备超过 7800 万台（套），这使得智能制造的底座更为坚实。一方面在实现智能制造的过程中需要诸多使能技术的支持，工业互联网是实现智能制造的关键基础设施。另一方面，智能制造是工业互联网的落地方式之一，其自身的发展可推动工业互联网的升级，拓展工业互联网服务的产业宽度和深度。

在推动智能制造的发展上，各国均有优势。中国的优势在于拥有庞大的内需市场、丰富的人力资源和完整的工业基础。以智能制造为突破点，中国制造业就有可能更换赛道，帮助中国的制造业企业后发先至。目前到了打造智能制造"升级版"的时候，即从最初的探索尝试、单点优化阶段发展到系统变革、全面转型阶段，推动生产模式、运营模式、资源配置模式的全方位智能化变革。

智能制造任重道远，正在加速前行。

6.2　智能制造的策源地和主战场

马克思在《资本论》中写道："各种经济时代的区别，不在于生产什么，而在于怎样生产，用什么劳动资料生产。"

中国信息通信研究院发布的《中国智能制造发展研究报告——智能工厂》提到：**智能工厂已成为制造业数字化转型的策源地和主战场**，成为制造业构建新核心竞争力、引领经济高质量发展的必由之路和重要引擎。

智能工厂的核心竞争力体现在何处？本节以浙江省首批"未来工厂"——浙江吉利控股集团旗下的极氪智慧工厂为例进行说明。

该工厂于2018年年底开始打桩建设，总投资60余亿元。2022年10月13日，极氪官方微信公众号发布《刷新五万辆生产速度纪录的背后是？》一文，讲述了极氪智慧工厂的发展历程，即从2021年10月19日第1辆 ZEEKR 001 量产车型下线，至2022年10月11日第5万辆 ZEEKR 001 正式下线，用时不到1年。

工业化生产追求生产效率的提升，需要标准化和规模化。流水线、大批量、统一化的生产才是效率最高的方式。消费者之间的个性化需求被统一化，比如使用 S、M、L 等码数固定人的身材需求。

而**数智化更加重视人的个性化需求**。在极氪智能工厂的支持下，用户可以通过 App 来定制汽车。根据极氪提供的官方数据，ZEEKR 001 的配置组合多达

157万种；在ZEEKR 001前1万份的订单中，配置完全相同的汽车不超过5辆[16]。

定制汽车的难度比定制服装、家居等行业的难度大得多。流水线上的数百个流程，以及不同的订单需要不同的零配件，要求每个产线工人和机械臂能识别并得到正确配件，并完成不同零件的安装。极氪智能工厂是从订单到交付的全流程数字化系统的再造。

极氪开发了单独的配置单系统，从用户选定配置下单起，自动形成与订单绑定的18位配置码，一条"数字流水线"贯穿所有部门，将销售、财务、供应链、工厂、物流和服务团队串联在一起。零件供应商的备件、零配件物流、工厂的排产、装配生产线等各个环节，依托于订单信息流转。

通过应用平台优化（APO），采用智能排产，订单以天为单位分配，这样就能支持多车型混线生产。

在生产线上，半成品汽车流转至下一个工位前，运送零配件的 AGV 会及时将与订单匹配的配件送到相应的工位旁。

焊装车间拥有382台柔性机器人，焊接自动化率达100%。车间采用视觉引导涂胶、在线涂胶视觉检测、在线精度尺寸测量、坐标测量机（CMM）测量、超声检查等系统。

在总装车间，3个平台、6款车型的柔性化生产，具备生产总装轿车、运动型多功能汽车（SUV）、多功能汽车（MPV）等多种车型的能力。仅拧紧螺丝这道工序，就需要通过23套高精度伺服控制系统，使用49把高精度枪，实现车身与底盘整体的全自动合装，并严格控制螺丝拧紧扭矩，整体精度可达0.5mm，最后，拧紧结果还会自动上传至 MES[17]。

---

[16] 宁波市经济和信息化局. ［前湾新区］极氪工厂又获两项国家极荣誉［EB/OL］. ［2022–12–20］.

[17] 乐骁立. 设计年产能30万台极氪未来工厂来了［N/OL］. 中国宁波网，［2022–07–07］

在车辆出厂前，还需要通过一系列的质检体系，如充放电功能检查、外观内饰检查、空调管路密封性检查等。

智能制造是用数据来远程驱动生产（制造）的。氪智能科技副总裁赵春林说："柔性生产的备货，靠人是不行的，必须依靠数据才能快速响应。要做到制造、销售、供应链的协同。"

数据已经成为一种新的生产要素。数智化转型，是利用数据去整合产业链和价值链，突破人的经验和认知局限，促进提高全要素生产率。

纵观工业发展史可以发现，过去多依靠先进的生产线和有经验的工人；而现在，数据、算法等在工业发展中起到了越来越重要的核心作用。从以往依靠人的经验，转向依靠挖掘数据中的隐性线索，使得制造知识能够更加高效和自发地产生、被利用和传承。

前文提到过数智供应链的数据化、数字化、数智化。制造业也有自己的"数字鸿沟"要跨越。比如制造业的生产数据都掩藏在线下，有待于数字化升级；还存在产业链离散化、产业链条冗长的问题，很难收集到全链条数据。因此，智能制造的关键一步是要把工厂内外的所有要素变成数据，打破数据壁垒，建立全量、全要素的连接和实时反馈系统，解决产业链供应链的数字孤岛问题。基于人工智能平台对大数据进行智能分析，实现生产过程的智能优化、精准管控与智能决策。

怎么搜集生产数据呢？最常见的是通过安装摄像头来看，即工业视学。此外，科大讯飞还围绕语言技术打造了工业声学。在工业场景中，80%的设备都带有轴承、转体或机电设备，这些设备一旦出现故障，就会发出异常声音。

作为人工智能"国家队"的一员，科大讯飞用20多年的时间实现了让机器"能听会说"，成为行业领头羊。

在工业互联网领域，科大讯飞成立了羚羊工业互联网股份有限公司，其使命就是探索人工智能在工业领域的落地和发展，依托"人工智能＋大数据"实现海量供需高效对接，助力企业降本增效、创新发展。目前，羚羊工业互联网平台已覆盖15类算法，覆盖场景超过50个 [18]。

最后谈谈智能工厂的高级形态 ——5G全连接工厂。

2022年9月，工业和信息化部在宁波组织召开"5G＋工业互联网"现场工作会，会上正式发布了《5G全连接工厂建设指南》，将5G全连接工厂的建设提升到重要的战略高度。

在《5G全连接工厂建设指南》中明确了什么是5G全连接工厂。5G全连接工厂是充分利用以5G为代表的新一代信息通信技术集成，打造新型工业互联网基础设施，新建或改造产线级、车间级、工厂级等生产现场，形成生产单元广泛连接，信息（IT）运营（OT）深度融合，数据要素充分利用，创新应用高效赋能的先进工厂。

作为一种使能技术、领先技术和关键技术，5G全连接工厂以5G为重要基础，但又不局限于5G。关键是要充分发挥5G的聚合作用，集成人工智能、数字孪生、云计算、AR/VR、边缘计算等新一代信息通信技术，创新各种新模式、新业态、新场景，根据实际情况因地制宜，最终帮助企业实现提质、降本、增效、绿色、安全发展。

承担建设5G新型基础设施建设使命的三大电信运营商，也不约而同地将支撑服务5G全连接工厂的建设上升为企业战略高度。

中国移动在"2022中国5G＋工业互联网大会"上发布了"5G全连接工厂"解决方案及产品，涵盖装备制造、钢铁、采矿、电力、石化化工、港口等

---

[18] 科大讯飞股份有限公司副总裁、羚羊工业互联网股份有限公司总裁徐甲甲在"2022中国5G＋工业互联网大会"主论坛上所作的题为《人工智能，工业互联网的核心引擎》的演讲。

六大行业解决方案，以及工业质检、工业标识、新型工业智能网关、室内高精度定位、设备云巡检、工业安监、双碳管理、数字孪生、工业低代码九大产品，沉淀产线级、车间级、工厂级三级产品体系。

中国电信 5G 能力魔方已上线"全连接工厂"行业模板，能够实现标杆经验的快速复制，同时作为中国电信 5G 定制网 NICES2.0 产品能力的承载，将助力制造业的数字化、智能化转型升级。

中国联通在"2022 中国联通合作伙伴大会"上表示，将持续提升 5G 网络能力，为 5G 全连接工厂、智能制造等提供小于 4ms 的超低时延、大于 99.9999% 的超高可靠网络保障；并在 2023 年启动"5G 点亮千座工厂"计划，打造 1000 个 5G 全连接工厂。

5G 全连接工厂已经成为电信运营商在产业数字化、数字经济发展上发力的关键着力点。

6.3 "灯塔工厂"的指引之光

"灯塔工厂"榜单是一份由世界经济论坛（WEF）与麦肯锡咨询公司合作开展遴选的工厂榜单，入选者可代表当今全球制造业领域智能制造和数字化的最高水平。

其评价标准主要是看工厂是否大量采用工业互联网、云计算、大数据、5G等第四次工业革命新技术，并综合运用这些新技术实现商业模式、产品研发模式、生产模式、质量管理模式和消费者服务模式等的全方位变革，促进效率提升、节能减排和经营优化。

2023年1月13日，世界经济论坛公布了最新一批"灯塔工厂"榜单，在新入选的18座工厂中，有8座工厂位于中国，占比超过三成。中国是世界上拥有最多"灯塔工厂"的国家。除去重工行业的三一重工北京桩机工厂，还有不少是服装行业、家电行业、啤酒饮料行业等领域的领跑者。比如服装行业的阿里巴巴犀牛智造工厂、啤酒饮料业的青岛啤酒厂，都是本领域的首家"灯塔工厂"。

先来看看犀牛智造工厂。

最困扰一家服装制造企业的莫过于产品过季滞销和库存资金占用。比如想出售一条连衣裙，要制作36、38、40等多种尺码的连衣裙；通常还要备上浅蓝、深蓝、墨绿等多种颜色，据此，仓库要准备多少库存，可想而知。很多时候，货物充足，却又没有在正确的时间点满足消费者的需求，囤积的连衣裙只好打折处理，还有可能卖不出去。同时，又有些连衣裙款式过于火热，门店很快就卖完缺货了。这就出现了仓库积货和门店缺货同时存在的情况。

怎么解决上述问题呢？把从制造商（M）到消费者（C）的商品链条，反转为从消费者到制造商的链条，这就是 C2M 模式。这种模式的优点，是根据用户的需求来生产，尽量消除误判未来的客户需求导致的库存浪费。

简单的反向定制，可以被理解为消费者去裁缝店量体裁衣。消费者和商家虽然都不用再为卖不出去的衣服买单了，但个性化定制的成本较高。智能工厂将"定制"与"产业化"结合，真正实现"个性化定制"与"价格"之间的平衡。

智能工厂的底层逻辑，是要实现**小批次、短周期的生产**。

犀牛智造工厂的生产前排位、生产排期、吊挂路线的确定，都依托人工智能技术；一件衣服上的花纹、文字，是基于消费大数据得出的结论；数字制衣可以实现小批量定制，行业平均"1000 件起订、15 天交付"的生产门槛已被快速压减为"100 件起订、7 天交货"。基本实现了按需生产，极大地节约了资源。甚至现在通过犀牛智造工厂可以像查询快递物流状态一样，看到制衣的实时进展。

再来看看在中国拥有最多"灯塔工厂"的企业之一 ——海尔。

目前海尔拥有 5 座"灯塔工厂"，覆盖冰箱、洗衣机、空调、热水器四大品类，具体如下：

2018 年 9 月，青岛海尔中央空调互联工厂入选全球首批先进"灯塔工厂"，是当时唯一入选的中国本土企业的工厂；

2020 年 1 月，沈阳海尔冰箱互联工厂成为全球冰箱行业首个入选工厂；

2021年9月，天津海尔洗衣机互联工厂成为全球洗衣机行业首个入选工厂；

2022年3月，郑州海尔热水器互联工厂成为全球热水器行业首个入选工厂；

2022年10月，青岛海尔冰箱互联工厂入选"灯塔工厂"，海尔是冰箱行业唯一拥有两座"灯塔工厂"的企业。

5座"灯塔工厂"的支撑底座，是卡奥斯COSMOPlat（工业互联网平台）。这是海尔推出的拥有中国自主知识产权、全球首家引入用户全流程参与体验的工业互联网平台。

大概在2013年，互联网化"倒逼"海尔在战略定位上发生转变，形成了企业平台化、员工创客化、用户个性化的商业模式创新中的"三化理论"；逐渐形成了海尔智家（智慧家庭平台）、卡奥斯COSMOPlat、海创汇（创业孵化平台）、盈康一生（健康产业平台）和海纳云（智慧社区产业平台）五大产业平台。

海尔的供应链管理自成体系，深刻改变了产业链供应链运行方式和管理模式。海尔之所以能够发展成为引领行业发展的"灯塔"型企业，与它的供应链模式密不可分。

据官方介绍，卡奥斯COSMOPlat创建于2017年4月，是海尔集团基于30多年的制造经验打造的国家级"跨行业、跨领域"工业互联网平台。卡奥斯是古希腊的混沌之神，是宙斯之前的原始神，象征着从无序中创造有序，在混沌中孕育新生。在充满不确定性的"混沌时代"，既充斥着未知的挑战，也饱含发展新机遇。每个企业都需要开放、创新，拥抱生态，持续进化。

在供应链的重要性日益凸显的今天，提升供应链水平，深入整合全产业链资源，联动上下游企业适应市场需求的变化，是制造企业重塑制造业竞争优势的重要环节。卡奥斯COSMOPlat不仅是供应商管理系统，更是一个创新引擎，解决了采购以外的问题。原来人们理解的供应链管理数智化，是方便管理供应商网络成员间的原材料和货物流动（如订货、交付、库存和预测等环节）及与之直接相关的服务（如支付和物流）；而当新赛道、新机会出现且必须开发全新的产品和服务时，企业就需要吸纳一系列新的参与者，要有新的解决方案。新的参与者不仅要具备产品设计能力和产品测试能力，拥有相关知识产权，还要能够为快速量产、快速交付产品和快速提供售后服务助力。从寻源角度来看，就是在迅速扩大供应商网络。卡奥斯 COSMOPlat 有助于迅速找到这些参与者，加速引入新合作伙伴的进程。

卡奥斯 COSMOPlat 成员并不限于海尔的供应商，有些成员是由海尔的供应商邀请加入的，有些成员是在员工参加研讨会和专业会议时经同仁引荐加入的，有些成员甚至是通过媒体报道后申请加入的。也就是说，在新产品和新服务初具雏形时，可以多方识别和引进相关专家智慧，以推动开发与生产进程。从产品的创新与设计，到供应原材料和零部件，乃至解决技术问题和提供新服务，成员都可以在卡奥斯 COSMOPlat 的支持下灵活调动资源，以把握新发展机遇或应对颠覆式变革。

当然，如果仅是一个平台，还不足以说服成员去提出解决方案，或者共同致力于达成解决方案。需要制定明确的参与规则，以及成本分摊和利益共享制度，生态系统的各个环节才能够齐心协力，集思广益，共同创造新的发展机会或制定问题解决方案。

产业链供应链的发展加强了全球产业的分工与合作，提高了整体生产效率，但也造成了生产供应链条的脆弱性。"灯塔工厂"本质上是以更先进的方式管控供应链风险，即利用各项先进技术增强供应链韧性，提高生产效率。

"灯塔"是"指引之光"，可以为整个制造业的发展探索前行之路。

6.4　新能源汽车的全产业链整合

在高度不确定的全球经济环境中，新能源称得上是具有确定性趋势的大行业。目前各国都有很清晰的新能源政策目标战略。能源革命在当下带来的最明显的变革就是**汽车电动化**。

2013年，特斯拉进入中国市场；2020年，比亚迪、蔚来、理想汽车、小鹏汽车等国产智能电动车纷纷出现，并且开始进军全球市场；2021年，包括小米在内的手机公司正式进军智能电动车行业；2021年4月，华为深度参与的极狐阿尔法S在上海车展亮相。

2021年11月，国务院办公厅印发的《新能源汽车产业发展规划（2021—2035年）》提出："发展新能源汽车，是我国从汽车大国迈向汽车强国的必由之路，是应对气候变化、推动绿色发展的战略举措"。

"必由之路""战略举措"都说明了新能源汽车是一个国家战略级产业。中国的新能源汽车产业会向什么方向发展、发展到什么程度呢？

到2025年，新能源汽车新车销售量将达到汽车新车销售总量的20%左右，高度自动驾驶汽车实现限定区域和特定场景商业化应用，充换电服务便利性显著提高。到2035年，纯电动汽车将成为新销售车辆的主流，公共领域用车全面电动化，燃料电池汽车实现商业化应用，高度自动驾驶汽车实现规模化应用，充换电服务网络便捷高效，氢燃料供给体系建设稳步推进，有效促进节能减排水平和社会运行效率的提升。

真有这么大的市场吗？举一个例子。广东温氏食品集团常年与华南农业大学进行紧密的产学研合作，为应对 2018 年的非洲猪瘟疫情，其利用自动驾驶技术在猪场里运送生猪，以减少人与猪的接触，实现更好的卫生隔离。

从供应链产业链角度的来讲，这是一个很好的研究对象。中国信息通信研究院发布的《工业互联网提升产业链供应链现代化水平研究报告 —— 以新能源汽车产业为例（2022 年）》，就是针对新能源汽车行业的行业产业链供应链现代化水平研判思路、工业互联网赋能工具和路径等开展的系统研究。

其中最引人注目的公司是比亚迪。根据比亚迪官方网站提供的数据，比亚迪 F3DM 是比亚迪首款新能源汽车，于 2008 年 12 月 15 日正式上市，也是全国首款新能源汽车和全球首款插电式混合动力车型。在 2022 年，比亚迪在我国新能源汽车市场上"战胜"了特斯拉，成为销量冠军，全年的新车交付量将近 200 万辆。

比亚迪的垂直一体化供应链和全产业链布局是其坚实的底座。

万科集团董事长郁亮早年曾说起过和王传福的一次交流。王传福告诉他，比亚迪制造车辆，除了轮胎和玻璃，别的零部件都是自己生产的。郁亮一开始不理解，汽车产业的零部件供应链如此成熟，为什么要自己生产？为什么不直接在市场上采购，只把控最核心的技术竞争力呢？王传福说："每个部件都有厂家，每个厂家都要赚 10% 的利润，钱都让他们赚走了，比亚迪还怎么赚钱？"正是因为比亚迪采用垂直一体化供应链，所以可以以"低价、低利润"的经营思路获利。

比亚迪多年来深耕完善供应链体系，具备了基本完整的汽车产业链布局，不仅自身是汽车企业，而且已经出现在新能源汽车产业链的上游、中游、下游，甚至渗透进了光伏、新能源和消费电子这3个不同的领域。

在电池领域，比亚迪牢牢掌握了新能源汽车最核心的电池、电机、电控的研发技术，并拥有完备的大规模全自动化生产线，有着强大的电池生产能力，实现了自研自产。购买新能源电车时，最关键的是看电池续航能力和安全性能。比亚迪本身是做电池起家，曾是摩托罗拉等多款手机的电池供应商，在电池领域做得风生水起，从第一款铁动力电池（ET-POWER），到后来的磷酸铁锂电池，市场反响都很不错。在2020年9月举行的"2020世界新能源汽车大会"上，比亚迪以"高集成刀片动力电池技术"获得了"全球新能源汽车创新技术"大奖。

在芯片领域，比亚迪在2002年就成立了智能控制IC事业部，到2020年正式成立比亚迪半导体股份有限公司，其主要业务为研发、生产包括车规芯片在内的各类集成芯片。

相对于消费电子芯片，汽车芯片是一个相对独立和封闭的产业，以垂直整合制造（IDM）模式为主，即芯片企业自己负责"设计、制造、封测"一条龙业务，不将生产外包。在这个国产汽车厂商崛起的好时机，国产芯片有取得突破性进展的可能性。如果取得突破，国内厂商将会享受到芯片国产化和国内新能源汽车厂商崛起带来的双重红利。

2007年，比亚迪成立了比亚迪电子（国际）有限公司，自主研发DiLink汽车智能网联系统；2019年12月起，比亚迪先后成立弗迪电池有限公司、弗迪视觉有限公司、弗迪科技有限公司、弗迪动力有限公司、弗迪精工有限公司等"弗迪系"公司，分别负责动力电池、车用照明、汽车电子、汽车动力总成和汽车模具等汽车零部件的研发与制造，基本上覆盖了比亚迪核心汽车零部件的自研、自产、自销全部环节。

比亚迪还先后收购了西安秦川汽车和北京吉驰汽车模具有限公司，补全了比亚迪汽车产业链上缺失的部分。

比亚迪在国内设立了九大生产基地，将汽车生产的各个环节，包括研发设计、模具制造、整车生产、销售服务等整合为一体。在几个重要的生产中心周边还设置了新能源动力电池生产基地和芯片工厂，对于汽车零部件的制造，可以直接"就地取材"，不用跨地运输，也不用担心局部地区因为某些因素停工会影响到其他工厂的正常生产。在控制成本的同时，全产业链布局也保障了产能供给。

一个新消息，比亚迪关联公司在山东烟台的一家船厂订造了8艘可以装载7700辆汽车的滚装船（基本确定6艘船是建造的，另外2艘为选择权订单），总造价接近50亿元，这将保障海运能力，为汽车大批量出口夯实基础，令人不禁想起当年顺丰速运买下飞机的举动。

发展新能源汽车的意义还远不止于此。在从汽车大国迈向汽车强国的路上，它正带动产业链的其他部分增长。

中国新能源汽车产业技术创新步伐加快，产业生态不断优化。中国累计建成了398万个充电桩、1625座换电站，形成了全球最大规模的充换电网络。建成5G基站近200万个，换电模式应用、燃料电池示范、道路测试示范等深入推进，新技术、新模式、新业态不断涌现。产业链面临重新"洗牌"的同时，技术仍在不断迭代，这也为后发者提供了机会。在新能源汽车产业中，企业积极探索如何"补链、稳链、强链、延链"，坚持科技自主创新，从电池、电机、电控到智能网联、智能辅助驾驶系统，再到网联系统，都得到了快速发展。

宁德时代新能源科技股份有限公司（以下简称"宁德时代"）于2011年成立于福建省宁德市。宁德时代受益于全球新能源汽车产业大潮，其已成为全球领先的锂离子电池研发制造公司。

该公司主营业务为新能源汽车动力电池系统、储能系统的研发、生产和销售。2022年1月，宁德时代在上海成立了"宁德时代未来能源研究院"，攻关新能源领域的前瞻技术。早在此前，宁德时代和中国移动就已开展过多次技术合作。宁德时代建成了全国覆盖面积最大的5G企业专网，总覆盖面积超500万 m^2，横跨福建、江苏、四川等6个省份、7个基地。在2022世界5G大会上，福建移动的"福建宁德时代5G＋智慧工厂"项目入选"2022年5G十大应用案例"。

2022年，宁德时代与中国移动签署战略合作框架协议，关键目标是"打造国内新能源和通信领域的绿色合作标杆"。双方作为新型能源、新型信息领域的领军企业，将共同推进智能制造、绿色发展。具体说来，是在通信和新能源领域储能"碳达峰、碳中和"能力孵化、通信行业智能锂电池及虚拟电厂运营管控、新一代通信业务、工业互联网智能应用、跨国业务连接、泛行业生态融合等方向开展全面合作。双方将携手打造国内通信和新能源领域的节能合作标杆。

6.5　案例：三一重工从产品到服务的产业升级

　　三一重工股份有限公司（以下简称"三一重工"），是一家生产挖掘机等工程机械的制造业企业，其前身是始创于1989年的湖南省涟源市焊接材料厂，于2003年在 A 股上市。历经30余年的发展，其已成为我国工程机械行业的龙头企业。公司主营产品包括挖掘机械、混凝土机械、起重机械、桩工机械和筑路机械等，是全球工程机械50强企业和全球最大的混凝土机械制造商之一。

　　三一重工从顶层设计到组织建设，制定数智化转型战略，并且取得了很好的成果。

　　在工业和信息化部公布的"2022年度智能制造示范工厂揭榜单位和优秀场景名单"中，三一重工北京桩机工厂和三一重型装备沈阳智能工厂同时上榜。三一重工以"灯塔工厂"建设为基础推进智能制造转型，打造了两座"灯塔工厂"，分别为三一重工北京桩机工厂和三一重工长沙18号工厂。2022年8月，笔者从三一重工获悉，其三一印尼"灯塔工厂"生产的首台 SY215CKD 挖掘机已在印度尼西亚下线。这座"灯塔工厂"也是我国工程机械行业智能制造标准实现系统化的成功输出。企业流程的"四化"建设（流程的标准化、在线化、自动化、智能化）逐步由国内向海外推广，实现数字化、国际化协同发展。

　　三一重工北京桩机工厂在京西凤凰岭山脚下的产业园，是全球重工行业首家获认证的"灯塔工厂"，主要生产桩工机械。其生产模式属于典型的离散制造，具有多品种、小批量、工艺较为复杂等特点。面临的更大挑战在于工件较大、较重、较长，如在170多种钻杆中，最长的钻杆长为27m，重达8t；在20多种动力头中，最重的动力头重达16t。经过自动化、数字化、智能化升级后，三一重工北京桩机工厂共有8个柔性工作中心、16条智能化产线、375台全联网生产设备。"灯塔工厂"实现工厂生产制造要素全链接，提升人机协同率与生产效率，实现产能的提升、人员数量的减少、存货和供货周期加快，整体制造成本显著降低。

在多变的商业环境中，三一重工为行业提供了克服不确定性、实现韧性增长的实践案例。

服务能力是工程机械行业最核心的竞争力之一。本书反复阐述的一个观点是，现代产业的升级是在制造上增加服务。应以新一代信息技术加快制造业和服务业的深度融合，形成"生产＋服务"的盈利模式。

为提高竞争力，三一重工从仅提供产品向提供"产品＋服务"转型。

制造企业服务化的起点，通常向用户提供"安装＋售后"的基础内容组合服务。在生产、销售完成后，要为产品提供维修售后服务。三一重工陆续推行了"24小时完工制"等八大服务机制。但其所提供的服务依然是对客户需求的被动响应，在行业普通服务范畴内，不具备明显的竞争力。

三一重工对服务体系进行了数字化改造。建立企业控制中心（ECC），依托物联网平台的"云端＋终端"特性建立了智能服务体系。挖掘机设备全部接入网络，利用设备采集到的数据信息，进行远程监测、远程诊断。根据挖掘机上的传感器，直接掌握设备的运行情况，实现设备互联、设备数据共享、工况查询、设备导航。进而能发出设备保养提醒、设备故障提醒，以减少停工的损失。ECC根据大数据收集到的信息，恰当地匹配服务资源，在线上就能为客户提供快速服务。如果一台挖掘机出现了异常、故障，则该更换配件了，可能在客户还没有发现问题时，三一重工就已经通知了客户，并且已把要更换的配件交到客户手里。

三一重工借助"一带一路"建设，运营模式升级为国际化运营模式。其推出"全球化智能服务体系"，为顾客有效地提供"一生无忧的服务"。三一重工建立的1700多个服务中心，实现了对于全球范围内工程设备，"2小时到现场、24小时完工"的服务承诺，促进了全球业务的快速发展。

"数据＋智能"的服务升级，取代了"安装＋售后"的基础内容组合服务。而要促进产业升级，还需要再升级到**"生态＋共赢"**的价值生态服务，即制造企业不再把自己当作单独的环节，而是将供应商、供应商的供应商、客户等多个产业链利益相关方融合为一个生态圈，实现价值网络各方的利益共赢。

通过对标全球行业，工程机械巨头企业普遍采用"设备制造＋设备金融"的产融协同模式。为了进一步拓展全球机械工程市场并取得优势地位，三一重工收购了控股股东三一集团持有的三一汽车金融91.43%的股权。根据爱企查信息，三一汽车金融有限公司是一家汽车金融服务商，主要面向工程机械行业提供金融服务，为客户提供一站式、全流程的产品、服务、金融整体解决方案，并在全球各个市场形成各具特色的金融产品、服务和业务模式。三一重工在收购三一汽车金融有限公司后，公司可以为经销商与客户提供产品、服务和融资等一揽子解决方案，通过协同效应，有效降低融资成本，进而提升产品与服务竞争力。

三一集团还通过旗下两家企业带动产业链共同发展。三一创投投资管理有限公司（以下简称"三一创投"）是三一集团旗下设立的投资板块，定位于产业投资，聚焦于工业制造、科技创新等领域，并持续关注智能汽车、智能装备、物联网等领域的创新项目。目前已投资了盘古智能、大创汽车、埃科法工业、志奋领科技、卓品智能、硅山技术、七腾科技、方恒新材、万鑫精工、东方空间等创新项目。三一创投的独特优势在于，能够给予被投企业产业落地的机会。三一创投可以协同三一集团，通过与行业内其他大型企业之间的互动，为被投企业进行相应的合作推荐，提供更多的产业资源。

湖南三一众创孵化器有限公司（以下简称"三一众创"），是三一集团积极响应国家"双创"的产物。三一众创的特点是提供"三个对接"服务，即对接三一集团产业链资源、对接资本市场、对接政府及社会资源，实现了"创业服务"对"服务创新"的赋能，不仅有效促进了制造企业的自主创新，更是将"单兵作战"变成了"协同作战"，促进了产业结构的转型升级。

第7章

07

科技创新的供应链转型

对众多中小企业来说，可能很难去追求"高精尖"的原创技术。关键是要根据市场需求，结合自身核心业务与技术，找准在产业链中的位置，踏踏实实提供可用的产品，成为现代产业链的重要支撑。

数字经济时代，一边是用户美好数字生活需求，一边是中国移动日益丰富的数字化产品和服务。中国移动通过泛全联盟，线上线下建立大量渠道，通过营业厅、打电话、线上商城、App、直播、上门，直达乡镇田间地头。

中国移动复用现有营业厅资源，将"营业厅店"向"营业厅仓"的职能升级，满足城市5km范围内的末端客户交付，同时明确"人、货、场"3个要素的运营标准，实现了"线上下单 + 线下履约"的"店仓一体"模式。

7.1 科技自立自强支撑高质量发展

我们习惯于把科学和技术连在一起，统称为科学技术，简称科技。科学与技术既有联系，又有区别。

简单来说，科学解决理论问题，技术解决实际问题。科学要解决的问题，是发现自然界中确凿的事实与现象之间的关系，并建立理论把事实与现象联系起来；技术的任务则是把科学成果应用在实际问题的解读上。

今天所说的科技，基本上说的是技术。在《恩格斯致瓦·博尔吉乌斯》中有一句话"社会一旦有技术上的需要，则这种需要就会比十所大学更能把科学推向前进。"这明确了**技术的发展动力，那就是"有用"**——科技的力量并不仅在于创新，且在于"有用"，更在于能被使用。

我国的科技创新之路，优势正是新技术能快速规模化。

科技产业的进化规律可以被简单归结为"某个技术能被普及到产业链中，让产业链更好地运作下去，能更好地盈利"。"从0到1"很有价值，而"从1~100"的量产化，也一样有价值。

中国市场之大，所展现出来的消费实力非常强，能把一些标准化产品的生产成本降到极低，从而为中国创造了能够孕育新技术的庞大产能。

那么，为什么今天我们还会经常遇到发展瓶颈？科技自立自强不是仅靠扩大产业规模便可以实现的，更需要产业生态系统的"从 0 到 1"。

真正遇到发展瓶颈的，有时并不是那些重要环节，而是产业生态系统里的细微环节。一个产业生态刚起步的时候，先入局者协同合作，各自占据生态位，那些细微环节不在其中不解其意，往往就遭遇瓶颈。

解决的方法，要把握三个重点。

一是必须事先进行分析，分析未来科技的发展趋势，也就是"从 0 到 1"中的"0"是什么。

二是研究新技术，以技术突破改变产业格局，才能形成"超车"的机会。

三是当产业格局改变的时候，要将着眼点放在培养产业生态上，利用产业生态协作的办法，完成产业生态布局。

为打好关键核心技术攻坚战，我国"新型举国体制"助力重大科技创新。2020 年 4 月，中央全面深化改革委员会第十三次会议召开，会议提出"加快构建关键核心技术攻关新型举国体制"。

2020 年 10 月，中国共产党第十九届中央委员会第五次全体会议审议通过《中共中央关于制定国民经济和社会发展第十四个五年规划和二〇三五年远景目标的建议》（以下简称"十四五"规划）。其中有两个很重要的对科技自立自强的部署，一是首次提出将科技自立自强作为国家发展的战略支撑；二是科技创新被摆在各项规划任务的首位，并进行专章部署，这在编制五年规划建议的历史上是第一次。"十四五"规划将"创新"放在了首位，充分表明党中央对以科技创新支撑国家整体发展的重视程度和决心。

自力更生是中华民族的优良传统，从"红色南泥湾，陕北好江南"到"两弹一星"，再到北斗三号全球卫星导航系统正式开通，然后到"嫦娥五号"首次实现我国地外天体采样返回等，我国依靠自力更生取得了一个又一个伟大成就。现在我国正经历百年未有之大变局，必须走更高水平的自力更生之路，有核心技术才有主动权。

中国共产党第二十次全国代表大会报告又对举国体制理论进行了升级、完善和深化。报告指出："加快实施创新驱动发展战略。""加快实现高水平科技自立自强，以国家战略需求为导向，集聚力量进行原创性引领性科技攻关，坚决打赢关键核心技术攻坚战。"这是对我国科技创新体制机制的一次重大创新与突破。

看一个时代的"好坏"，要看这个时代是否充斥着机会，看这个时代里的人努力奋斗后会不会有收获。中国依然是全世界机会最多的地方。虽然"道阻且长"，但一定"行则将至"。当下，正是未来质变的起点。

7.2 培育"专精特新"中小企业

过去的产业政策多侧重于扶持重点行业的龙头企业，希望以此拉动大量产业链供应链上下游企业的发展。近年来的政策支持焦点，又转向了"专精特新"中小企业。

2011年，工业和信息化部发布《"十二五"中小企业成长规划》，首次提出"专精特新"中小企业（即指具备专业化、精细化、特色化、新颖化优势的中小企业），并把走"专精特新"之路作为促进中小企业发展、成长的重要途径。

2013年，工业和信息化部在《关于促进中小企业"专精特新"发展的指导意见》中提出，"专精特新"中小企业的发展逐渐成为中国经济发展关注的重点之一。

2021年，中共中央政治局二季度经济工作会议进一步明确了"专精特新"中小企业的战略意义："要强化科技创新和产业链供应链韧性，加强基础研究，推动应用研究，开展补链强链专项行动，加快解决发展受限难题，发展专精特新中小企业。"

2022年，我国累计培育"专精特新"中小企业7万多家、"小巨人"企业8997家、制造业"单项冠军"企业1186家。力争到2023年年底，全国"专精特新"中小企业超过8万家、"小巨人"企业超过1万家。促进大中小企业融通创新，助力中小企业融入重点产业链供应链[19]。

政府生态化思考，对供应链效率与安全并重的要求，为中小企业提供了发展契机。

在面对补齐供应链、解决关键技术问题时，我国以举国体制为顶层设计。在实际操作中，政府并不会直接干预市场，因为直接干预市场可能会让产业失去创新动力，政府以有效市场合理配置为抓手，既明确市场机制的决定作用，又把握"因事制宜"的运行手段。以"专精特新"补产业链短板，对于能补上产业链短板、加强我国企业在供应链中的作用、解决关键技术问题、帮助维护国家安全的企业，政策和资源会有相应的倾斜。

企业曾经奉行"效率至上"原则，采购一个零部件，只找一家供应商，而且这家供应商最好是全球市场中最优秀的。同时，企业要实现"精益管理"，即零库存管理，企业不备库存，而是将供应商的库存当作自己的库存，需要时时才要求供应商将零部件送来。

现在，企业不敢再完全依靠一家供应商了，要寻找第二家甚至更多家供应商，尽量缩短产业链供应链，最好能在国内进行全部配置，而且尽量自主可控。国内的供应商便有了更多的生存机会，很多"专精特新"企业，就这样逐步找到了新的发展机会。它们有技术，能把产品做出来，又有比较高的专业化水平，为解决发展瓶颈出了力，就有了价值，在市场里占据了一席之地。

为了给"专精特新"企业提供资金支持，政府进行了多重布局。

除了中央财政资金支持，各地方政府也设立了专门支持"专精特新"企业的产业投资基金，对重点产业方向和关键技术领域的企业进行精准投放。浙江、河南、重庆等地都为"专精特新"企业提供了资金支持。

---

[19] 数据来源：2023年1月11日召开的全国工业和信息化工作会议。

在直接提供财政奖补资金的同时，多地纷纷设立产业引导基金，以进一步畅通资金"活水"，撬动更多社会资本。比如在安徽，就有省中小企业（"专精特新"）发展基金发挥了"投早、投小、投创新"的支撑作用。截至2021年年底，已累计完成募资122.12亿元，投资项目226个，带动了一批高端装备制造、新一代电子信息技术、新材料、生命健康等新兴产业的中小企业发展。

在二级市场，2021年9月3日，北京证券交易所（以下简称"北交所"）正式注册成立。其定位为服务创新型中小企业，与沪深市场形成错位格局。据《证券时报》统计，截至2022年9月，在114家北交所上市公司中，属于国家级专精特新"小巨人"企业的有39家，所占比例为34.21%，从所属行业来看，主要集中在高端装备制造、科技、新材料、医药生物等新兴成长板块，具备良好的成长空间与发展潜质。业内有一个说法：北交所是"专精特新"企业的摇篮，主要为"专精特新"企业提供融资服务。

互联网大厂也纷纷入场。

腾讯、百度、阿里巴巴、京东、字节跳动、美团等，都在加快向"专精特新"企业布局。在腾讯投资所投资的全部企业中，有51家"专精特新"企业，百度和百度风投投资了38家"专精特新"企业，阿里巴巴投资了22家"专精特新"企业，京东和京东科技投资了20家"专精特新"企业。

以联想、华为、小米为代表的科技产业龙头企业，也是主要力量之一。产业龙头企业所寻找的，是在某个细分领域具有核心技术的专精特新"小巨人"企业，从而能够更好地与产业链上的其他企业进行高水平合作和技术共享，实现整个产业链的共赢。这些科技产业龙头企业基于对产业链本身的深刻理解选择企业，除了为其提供资金和管理支持，还能直接提供订单。

比如华为旗下的哈勃科技创业投资有限公司，2019年投资了模拟芯片企业思瑞浦，投资后第一年就为思瑞浦提供了一个1.7亿元的订单，当年思瑞浦的营收增长了167%，迅速在行业内站稳了脚跟。再比如，联想创投将投资的30多家"专精特新"企业，全部引入自己的供应链体系。对于在PC供应链上的企业，联想可以直接向其提供订单；如果不是PC相关企业，联想可以和对方共同开发产品。

在一个城市中进行"专精特新"企业的培育，可以看位于河北省中部的雄安新区。

一个时代有一个时代的标志与亮点。雄安新区的规划建设，是党和国家的战略部署中浓墨重彩的一笔。中国共产党第十九次全国代表大会报告提到："以疏解北京非首都功能为'牛鼻子'推动京津冀协同发展，高起点规划、高标准建设雄安新区。"

政府投入大量人力、物力去建设基础设施，进行高水平的规划；未来，雄安新区将同步推进"一地三城"，通过推动智能化和数字化应用，打造"云上一座城、地上一座城、地下一座城"。雄安新区代表着未来中国城市的新标杆。"做强、做优"数字经济，集聚科技创新资源，构建雄安新区现代化产业体系，雄安新区的数字经济核心产业与"专精特新"企业存在大量交集。

雄安新区承接了北京"专精特新"企业和数字化核心产业疏解，其做法是，一方面聚焦向雄安新区疏解转移的中央企业二、三级子公司，支持中央企业将产业数字化、新能源等相关主体落户雄安新区，发挥产业龙头企业作用；另一方面引导雄安新区的传统产业企业转型升级，与高校、科研院所等进行合作，提升传统企业的产品与技术竞争力。

在这个过程中，雄安新区充分尊重"专精特新"企业和数字化核心产业的发展规律，打造了一个特有的**"五级跃进梯度培育"**模式。该模式指雄安新区"科技企业库"→河北省"创新型"中小企业→雄安新区"专精特新"企业培育库→河北省"专精特新"中小企业—国家专精特新"小巨人"企业的"五级跃进梯度培育"。通过向企业提供不同的差异化帮扶，强化政策、资金、土地支持，推动雄安新区企业向"专精特新"企业快速转型和跨越发展。值得一提的是，上述培育模式是依托雄安新区科创服务区块链平台进行管理的。资金的发放采用了雄安新区特有的"区块链＋数字人民币＋智能合约"模式，实现资金的流向追踪与监管，确保了安全性与精准性。

一个比较完善的产业链供应链，通常由少量占据行业主导地位的龙头企业和众多位于龙头企业上下游、资产规模相对较小但在某些细分领域有较强实力的中小企业共同构成。

企业凡是出现发展瓶颈的地方，对中小企业来说都可能是机会。要成长为"专精特新"企业，就要理解自己的产业，看到机会，主动投入，构建自己的增值能力，给这个生态提供价值，然后才能有自己的位置。对众多中小企业来说，可能很难去追求"高精尖"的原创技术。关键是要根据市场需求，结合自身核心业务与技术，找准在产业链中的位置，踏踏实实提供可用的产品，成为现代产业链的重要支撑。

7.3 国产大飞机拉动产业链升级

2022年有个很振奋人心的消息，国产大飞机 C919 完成国内取证试飞。国产大飞机的"研发、制造、取证、投运"全面贯通，突显产业链供应链管控力，并以此带动产业链升级。

大型商用飞机制造业是全球合作程度极高的行业，作为人类有史以来最复杂的工业产品之一，其前后牵涉上百万个零部件，被称为现代工业"皇冠上的明珠"。制造一架大型飞机，不仅要把几百万个零部件整合到一起，更要对全球供应链进行有效管控。

有效管控有多重要呢？以 iPhone 为例，苹果公司不生产芯片，也不生产显示屏，更不生产电池；苹果公司的价值其实在于把几百个零部件完美整合到一起，制造出在全球销售的好产品。这背后体现的就是全球供应链的管控力。

中国中铁工程装备集团有限公司（以下简称"中铁装备"）副总经理、首席专家王杜娟在接受采访时，特别提到："其实在研发过程中遇到的最大的困难，不是研发过程，而是供应链的问题，就是我们自己的供应链还不足以支撑，我们要在全球去找供应链，遇到了国外的盾构机制造商在供应链上对我们的封锁，所以在这个过程中遇到了非常多的困难。"王杜娟还介绍说，2008年，中铁装备研制出我国第一台具有自主知识产权的复合式土压平衡盾构机，填补了我国在复合式盾构制造领域的空白，从此拉开了盾构机国产化的序幕。经过持续不懈的努力，现在国产盾构机已经连续5年产销量世界第一，盾构机也从外国人的"印钞机"变成了中国人的"争气机"。

笔者曾和一位制造企业的朋友聊天，问他：为什么中国自己制造大飞机，能拉动周边的产业链？是不是因为在制造过程中尽量使用国产零部件？

他回答：不止如此。只有当我们真正独立地去制造一架大飞机的时候，才会对各种组件的需求和标准有体感，理解它为什么要这么设计、组装。才知道在制造大飞机的过程中会遇到哪些必须解决的问题。**好的问题，是解决的一半**。这些挑战性的问题，又被拆解成一个个非常具体的、细小的需求，以及必须达成的目标。目标清晰了，大家就知道该如何协同解决了。在这些具体的要求下，我国自己的系统设计能力在提高，供应商们的制造能力在提高，产业链快速成长，并且这些能力还能外溢到其他产业里去应用。

这正应了王阳明的那句话："人须在事上磨。"经过市场检验的技术能力体系和在市场机制下形成的高效生产经营方式，为产业链上下游企业拓展出更大的创新空间，带动新材料、现代制造、先进动力、电子信息、自动控制等领域关键技术的群体突破，拉动众多高技术产业发展，推动产业的转型升级。例如2021年年初，中国科学院金属研究所研制出了中国自己的钛铝合金发动机叶片，用于国产发动机。

科技创新的真实含义是"科技自主"与不被限制发展。要打好关键核心技术攻坚战，着力突破重点领域关键核心技术瓶颈，围绕产业链部署创新链，围绕创新链布局产业链。

7.4　华为的欧拉和鸿蒙操作系统

操作系统的重要性不言而喻。如果只是编写一个软件系统的代码，那么以我国工程师的数量、水平，以及软件产业规模，其实并不困难。**真正困难的是建立在操作系统之上的生态系统**，用户愿不愿意使用这个操作系统？开发者会不会以此标准为基础去开发应用程序？厂商愿不愿在终端上安装这个操作系统？

中国可以发展自己的操作系统吗？华为正在实践。

在中国，任正非是少有的、以苦难哲学来管理自己企业的企业家。那篇《华为的冬天》至今在业内流传。在华为如日中天的时候，任正非仍感到寒意逼近。

2020年，任正非在大学座谈时又提出问题："若果有人拧熄了灯塔，我们怎么航行？"他随即用了一句"向上捅破天，向下扎下根"，意思是要重视教育，不要过度关注眼前工程与应用技术方面的困难，要专注于基础科学研究。

华为的这种强烈的企业危机意识指引着他们在2016年5月开始研发华为鸿蒙操作系统（HarmonyOS）。当然，也不可否认同期美国对华为的打压，加速了华为对于鸿蒙操作系统HarmonyOS的研发迭代速度，笔者也相信是华为看到了万物互联的物联网生态来临，提前布局，抢占赛道。

鸿蒙是什么？其来源是"盘古开天辟地，混沌初开"，就像 HarmonyOS 的开机画面，"O"和下面的横杆，代表了计算机中编码组成的最小单位 0 和 1，暗含了鸿蒙是科技起源的意义。

HarmonyOS 是一款"面向未来"、面向全场景（移动办公、运动健康、社交通信、媒体娱乐等）的分布式操作系统。可以认为 HarmonyOS 是新一代智能终端操作系统，为不同设备的智能化、互联与协同提供了统一的语言。

如果觉得这个定义有点抽象，可以参考华为对于 HarmonyOS 的那些有意思又生动的比喻。曾主导 HarmonyOS 开发的王成录，将之比喻成"活字印刷"，即将硬件能力解耦并分拆到最小，一个硬件模块相当于一个单字字模，可以无限重复使用。当用户有需求的时候，这些模块就可以根据需求排列、组合成章。

还有一个比喻是乐高。从软件的层面，把设备上的各个硬件能力抽象成像乐高积木一样的模块，根据任务要求，任意替换、重新组合这些积木模块，从而用在万物互联的场景中。

再来回顾一下 HarmonyOS 的成长史。

华为从 2016 年 5 月开始研发 HarmonyOS。2019 年 8 月 9 日，华为正式发布 HarmonyOS，并宣布 HarmonyOS 实行开源。

2020 年 9 月 10 日，华为 HarmonyOS 升级至 HarmonyOS 2.0 版本，并面向 128kB~128MB 终端设备开源。华为的"$1+8+N$"全场景战略中的相关产品都有计划开始部署 HarmonyOS。

2021 年 3 月 31 日，华为正式发布了 HarmonyOS Beta3.0 版本，并在随后的 20 天内宣布增加华为 Mate X2、华为 Mate 40 系列、华为 P40 系列、华为 Mate 30 系列、华为 MatePad Pro 系列其他型号的 HarmonyOS 2.0 开发者 Beta 招募。

2021年4月28日，部分华为用户已接收到HarmonyOS 2.0开发者Beta公测版推送，"无缝衔接"EMUI 11（移动端手机操作系统）。2021年5月初，时任华为消费者业务软件部总裁的王成录透露，华为手机从2021年6月初开始可以升级为HarmonyOS。

2022年11月4日，华为开发者大会2022（HDC. Together）带来了HarmonyOS生态的最新成果，展示了HarmonyOS生态的全新格局：鸿蒙智联（HarmonyOS Connect）已有超过2200个合作伙伴，产品发货量超2.5亿；超200万个HarmonyOS生态开发者，HarmonyOS原子化服务达5万个；HMS Core开放25030个API，近4万款应用走向全球市场，搭载HarmonyOS的华为设备数量已达3.2亿个。此外，华为持续投入HarmonyOS生态人才建设，联合清华大学等166所国内高校开设HarmonyOS课程，为超过2万名学生开发者提供了丰富的学习资源，已累计支持95个教育部产学合作项目中的HarmonyOS生态方向项目。

HarmonyOS提出了基于同一套系统能力、适配多种终端形态的分布式理念，能够支持手机、平板电脑、可穿戴智能设备、智慧屏、车机等多种终端设备，将人、设备、场景有机地联系在一起。在这样一个超级虚拟终端互联的世界中，用户在全场景数字生活中，使用最合适的智能设备获得最佳的场景体验。

比如，现在的工作3件套：笔记本电脑、平板电脑、手机，三者具有不同的特点，而适用于不同的工作场景。有了HarmonyOS，三者基于同一种操作系统语言和同一个PPT，可以在3个设备上"无缝"传递、修改。又如，家中的音箱、扫地机器人、智能手表等智能设备之间的配对，也只需要在同一个华为用户账号下完成。用智能手表碰一下智慧屏，就能在智能手表上弹出菜单进行操作。

除了HarmonyOS，华为还有一个数字基础设施开源操作系统——欧拉。

2021 年 9 月 25 日，华为发布了数字基础设施开源操作系统 —— 欧拉。欧拉操作系统可广泛部署于服务器、云计算、边缘计算、嵌入式等各种形态的设备，应用场景覆盖信息技术（IT）、通信技术（CT）和运营技术（OT），实现统一操作系统支持多设备，应用一次开发即可覆盖全场景。

与华为的多数技术、产品和服务一样，欧拉操作系统其实已早早布局。从 2010 年华为内部高性能计算项目欧拉操作系统（EulerOS）首次发布，到 2021 年华为推出开源后的欧拉操作系统（openEuler），差不多又是一个"十年工程"。

为什么 EulerOS 变成了 openEuler 呢？在操作系统等基础软件平台领域，开源软件和开源社区扮演着非常重要的角色。但是国内行业对于开源的认可度较低。一方面，企业不愿意贡献开源，担心开源后企业自己的核心技术被竞争对手利用；另一方面，企业即使使用了开源软件也不愿意承认，怕被别人认为自己没有核心技术。实际上，开源社区是产业生态的重要组成部分，贡献开源和将开源软件产品化都是创新工作的一部分。2019 年，华为决定开源 EulerOS，于是从 EulerOS 变成了 openEuler，通过主导开源社区来调动全球的创新资源为企业自身的平台服务。

在操作系统产业峰会 2021 上，华为向开放原子开源基金会捐赠欧拉操作系统。在大会现场举行了欧拉捐赠仪式。华为鲲鹏计算领域副总裁、欧拉开源社区理事长江大勇，开放原子开源基金会理事长杨涛分别代表捐赠方和接收方签署欧拉捐赠协议。

都是开源操作系统，有了 HarmonyOS，为什么还要有欧拉操作系统呢？

相对而言，消费者更熟悉 HarmonyOS，HarmonyOS 的应用场景是智能终端、物联网终端和工业终端。欧拉操作系统面向服务器、边缘计算、云平台、嵌入式设备。比如鲲鹏和 X86 服务器、云计算基础设施和边缘计算都可以使用欧拉操作系统，欧拉操作系统是一个定位为"未来的数字基础设施"的操作系统。

任正非说："鸿蒙已经开始了前进的步伐，我们还心怀忐忑地对它报以期盼。欧拉正在大踏步地前进，欧拉的定位是瞄准国家数字基础设施的操作系统和生态底座，承担着支撑构建领先、可靠、安全的数字基础的历史使命，既要面向服务器，又要面向通信和实时操作系统，这是一个很难的命题。"

在生态合作领域，openEulor 开源社区和三大电信运营商已展开全面合作。

中国移动携手欧拉发布了大云 Linux 欧拉版本的操作系统，又陆续在公司的磐基技术人工智能平台、磐舟体化开发交付平台和梧桐大数据平台，融合了欧拉技术路线；在中移在线、浙江移动、辽宁移动政务云等场景，实现了欧拉操作系统的商用。

中国电信天翼云，以"云网融合"战略为牵引，推出了基于 openEuler 的操作系统 CTyunOS。

中国联通提到，openEule 助推了中国联通内部数字化转型、云化、创新应用。

对于欧拉操作系统和 HarmonyOS 之间的关联，华为也有所说明：欧拉操作系统和 HarmonyOS 已经实现了内核技术共享，未来计划在欧拉操作系统构筑分布式软总线能力，让搭载欧拉操作系统的设备可以自动识别和连接 HarmonyOS 终端。后续将进一步在安全操作系统、设备驱动框架及新编程语言等方面实现共享。通过能力共享、生态互通，"欧拉操作系统＋HarmonyOS"将更好地服务数字全场景。

华为正在加速把自己长久以来的研发优势转化到市场中。

7.5　智能手机与信息终端全产业链

回顾行业历史，以下几个时间点很有意思。

2008年，华为讨论过要不要出售终端业务，一部分人主张要出售，一部分人反对，认为未来的电信行业将是"端—管—云"三位一体，"端"代表手机，终端决定需求，放弃终端业务就是放弃华为的未来。最后反对的一方胜出，华为的手机业务保持到了到现在。

2009年，iPhone 3GS发布，苹果手机首次进入中国市场。

2010年，iPhone 4发布，这也是"引爆"中国市场的第一款iPhone；这一年，小米公司成立并进入手机行业。

2013年，手机行业兴起"百团大战"。华为、联想、中兴、酷派、OPPO、vivo、小米等国产手机品牌，青橙、大可乐、北斗等互联网手机品牌的混战开始。

2013年年底，工业和信息化部许可发布4G牌照。2014年，4G手机迅速得到普及，4G的发展速度比3G快得多，那一年中国移动的4G手机卖了一亿部。

2016年，三星Galaxy Note7智能手机的"电池爆炸"事件，让长期占据大量中国高端手机市场份额的三星手机逐渐出局。

2017年，联想集团旗下的所有联想移动产品退市，仅保留MOTO产品继续作为联想移动品牌，2015年对外发布手机品牌 ZUK，最终停止运营退市。

2018年，中国手机厂商在中高端手机市场集体取得突破。小米、vivo、OPPO 等手机凭借价格、功能、外观设计等方面的优势在手机市场中占据一席之地。国内市场竞争压力大，各手机厂商纷纷开拓海外市场。

2019年，折叠屏手机兴起，柔宇科技 FlexPai、三星 Galaxy Fold、华为 Mate X 与摩托罗拉 RAZR 等折叠屏手机先后诞生。一直到2022年，折叠屏手机开始热卖。这是后话。

2020年11月，华为决定整体出售荣耀业务资产，收购方为深圳市智信新信息技术有限公司。财报显示，2021年，荣耀业务资产和负债完成交割，也提升了华为的利润率。华为重整手机产品线，仅保留 P、Mate 高端系列，将其他中低端品牌交割出去，变成华为智选。华为表示：再难，也要坚持手机业务。

真是波澜壮阔的手机"江湖"！如果从产业角度来看，**正是智能手机的发展促进了产业链供应链的完整性。**

1999年1月，国务院办公厅转发《关于加快移动通信产业发展的若干意见》，列为国办发〔1999〕5号，通常被称为"五号文件"。该文件期望通过政府计划调控来保护和扶持国内的移动通信产业，提出"严格控制移动通信产品生产项目的立项、审批"，要求手机生产商必须获得牌照许可，并规定在中国的外资企业生产的手机必须有60%销往海外市场。

2003年始，合资手机厂商及外资手机厂商抓住了这一波红利。这也极大程度地带动了中国手机装配制造业的发展。中国逐渐成为全球最大的手机生产制造国。这时的制造以来料装配制造为主要方式。

2005年2月，国家发展和改革委员会公布《移动通信系统及终端投资项目核准的若干规定》，凡在国内生产基于 GSM、CDMA、cdma2000、WCDMA、

TD-SCDMA等第二、三代移动通信标准制成的交换设备、基站设备、终端（手机）的厂商，均需直接向项目所在地的省级发展部门提交项目申请报告，经省级发展和改革委员会初审后报国家发展和改革委员会。

2007年10月，国务院发布《国务院关于第四批取消和调整行政审批项目的决定》，决定取消"国家特殊规定的移动通信系统及终端等生产项目核准"的行政审批项目。手机牌照核准制取消，监管部门对手机制造企业实施手机入网质量检测与消费者投诉监控两道管控，以取代手机牌照核准制。

核准制取消，国内手机市场的竞争更加激烈，有实力的厂商大举进入中国市场，生产出更多高质量的手机产品，客观上又推动了我国生产产能和制造装配能力提升。

2008年9月，谷歌正式发布了安卓1.0版本，中国在这一年发放了3G牌照，我国进入智能手机时代。这让产业链又得到了一次升级。

2012年，我国成为智能手机新赛道上的最大消费国（当年全球市场份额超50%）。供应链产业链再次升级。

打通了手机产业链，手机厂商又开始向物联网、车联网等信息终端领域进发。

2021年，很多手机厂商决定"造车"。2021年3月，雷军宣布小米正式进军智能电动车行业；2021年4月，华为深度参与的极狐阿尔法S在上海车展亮相。除这个市场足够大的因素外，从某种意义上说，这大概率源于手机厂商们的判断：比别的行业更能理解新能源电动汽车这个新事物。

这一轮汽车业的变革，将使汽车越来越像类似于智能手机的移动终端。比如，智能手机的核心供应商高通，目前也是汽车芯片的重要供应商。比如，车内的影音娱乐设施，不再局限于车内中控台上的液晶屏。未来，汽车的前挡风玻璃甚至天窗，都可能成为视频内容的载体。

近年来，信息终端产业链供应链再次进行数智化转型升级。

联想武汉基地作为湖北最大的手机出口企业，生产联想、摩托罗拉手机和其他智能终端设备，产能达到4000万台，是国内规模最大的单体智能设备制造工厂之一。产品出口到海外160多个国家和地区。

由联想集团自主研发的自动化产线 ——"量子线"，是业界首条"5G＋物联网"自动化组装线。以智能手机为例，从物料进场，到贴片焊接、部件检测，再到组装、整机检测和包装交付，整体作业路线及工作规划全部实现自动化，覆盖了手机交付的全部制造场景，还可随时依据设计要求来调整制造流程，4小时就能产生一条新的生产线。

荣耀的折叠屏手机 Magic Vs，在深圳坪山的荣耀智能制造产业园装配。通过荣耀自主研发的、具备智能诊断等功能的工业互联网平台，生产线上的物料会被匹配专属 ID 作为身份标识，从而实现物料数据与产业链上游企业的对接，进行实时监控以确认是否存在质量异常。荣耀还在上游合作企业部署了自研精密智能装备，在整机厂进行装配时，可通过工业互联网平台实时匹配不同合作伙伴的物料数据。荣耀公司首席执行官赵明说，折叠屏涉及上百个结构件的精密配合，加工精度更要达到0.03mm。数字化带来的质量协同，让荣耀手机组装精度达到0.01mm。

加快建设现代化产业体系，提高重点产业链的自主可控能力是关键。从手机到智能终端再到信息终端，这是一个有较好基础和地位的产业，是一个具备现代化产业体系建设条件的产业。

下一步，相关产业发展要补上的短板是什么呢？是**上游关键组件的控制能力，要有尖端科技、创新企业**。加大对其的培育扶植力度，可助力现代化产业体系的形成。把握好这一轮信息终端革命的历史性机遇，以科技自立自强，"补链强链"，实现我国网信全产业链的自主可控。

7.6 案例：中国移动泛全联盟的供应链底座

中国移动创世界一流"力量大厦"发展战略明确了"推进数智化转型，加快高质量发展"的发展主线。而在渠道、终端方面，适应数智化转型要求的是一个新型营销服务体系 ——泛终端全渠道销售联盟，以下简称"泛全联盟"。

泛全联盟是在2020年年底的中国移动全球合作伙伴大会上对外发布的。每年在广州召开的中国移动全球合作伙伴大会，被视为中国移动下一年甚至未来几年发展策略的风向标。在2020中国移动全球合作伙伴大会的"5G泛智能终端渠道生态合作峰会"分论坛上，中国移动联合华为、vivo、OPPO、小米、三星、百度、国美、苏宁易购、迪信通等泛终端产业的合作伙伴，共同启动了泛全联盟。

中国移动以一个新型营销服务体系 ——泛全联盟，实现终端升级、渠道升级，为"十四五"规划开好局、起好步。在中国移动体系内，中国移动终端公司（以下简称"终端公司"）连接产业链的产、销两端，是泛全联盟的运营者。

数字经济时代，一边是用户美好数字生活需求，一边是中国移动日益丰富的数字化产品和服务。中国移动通过泛全联盟，线上线下建立大量渠道，通过营业厅、打电话、线上商城、App、直播、上门，直达乡镇田间地头。公开数据显示，中国移动有2万家自控物业渠道、10万装维直销人员，30多万家合作加盟店，且中国移动手机营业厅月活用户数超4亿。用户只要想购买，产品就触手可及，用户购买手机最快两小时到手，还能随手一并买到手机壳、手机屏幕保护膜、充电线、快速充电器、无线充电器，再购买上网流量套餐，兑换视频会员，就能更好地享受数字化生活。泛全联盟实现均衡、高效地匹配供需，满足用户"通信＋终端＋应用＋服务"的一站式、多场景数字消费需求。

要将双边平台与长尾理论匹配好，供应链能力就显得特别重要。终端公司打造了一个不仅能自己用，还能输出给产业链使用的供应链品牌"中移物流"。

2011年，为满足终端公司内部业务实物管理需求，终端公司物流服务团队应运而生。其负责的是公司内部产品的库存管理，按照市场销售部门、客户的要求，把产品安全、高效地送到客户手上，完成订单的交付。

2013年，终端公司结束分散式物流管理，实现全国集中运营，全国物流服务体系初具雏形。

2016年，终端公司自主设计的物流信息管理系统（LIS）在全国上线，实现了"自有系统、自有管理、自有数据、自有标准、自有设计、自有品牌"，物流运营由"业务外包"升级为"核心自主＋作业外包"。这个项目获得了中国移动第九届质量管理小组成果一等奖、中国移动科技进步与业务创新奖、业务服务组一等奖等多个奖项。

2017年，"中移物流"供应链品牌诞生。这一年，中移物流进入集团自主核心能力清单，获评国家4A级物流企业。中移物流的发展翻开新篇章。

中国移动信息化程度相对比较高，通常会将自身核心能力和资源服务封装成产品，形成139邮箱、导航、移动OA等自有信息化应用，建立自有品牌，再把这些信息化应用推广出去。中移物流也尝试从"更快、更好地将手机送到客户手上"发展到"建设具有中国移动特色的智慧供应链物流体系""面向移动全网、大客户市场提供具备市场竞争力的物流服务"。

在支撑好内部业务需求的基础上，中移物流开始对外开放服务能力，为省市移动、专业公司、产业链上下游企业提供优质、高效、专业的物流供应链一体化服务。中移物流主要从以下两个方面入手，一是深耕智能硬件和终端产品的专业运作体系，打造特色鲜明的物流服务和产品。二是加快对社会物流资源的整合、重组。2018年，中移物流发布了合作伙伴计划（CMLP），在全球范围内打造 A（高端快递）、B（经济快递）、C（仓储零担）、D（国际物流）4 张网络，为客户提供更多服务选择。

随着数字化、智能化技术的普及，中移物流继续转型升级。面向终端、3C 类产品及产业链上下游 BC 一体化运营需求，自研 LIS 系统、"MAGIC"智慧平台，开展全国仓库网络体系下的仓库数字化升级、数字化签收、前置柜部署，供应链交付体系已实现端到端全流程的数字化。

"竞争战略之父"迈克尔·波特有一个理论：竞争优势有 3 种基本形式，成本领先战略、差异化战略、聚焦战略。所谓的差异化，指去做那些别人做不了、不敢做、没机会做的事。将产品或公司提供的服务差别化，拥有本企业能够满足市场需求而别人无法满足市场需求的核心能力，打造全产业范围中具有独特性的产品或服务，以此拥有属于自己的独特竞争优势。

中国移动立足市场服务用户，实行的是差异化战略。终端公司承接新型信息服务体系建设，要成为"服务领先、产品领先、管理领先"的运营型专业公司。中移物流对标行业领先企业，在供应链交付领域加速形成具有竞争力的能力体系，以差异化优势筑牢竞争"护城河"。

应对全渠道的挑战，供应链需要变革。终端公司业务覆盖了行业的生产、分销、零售、电商四大典型供应链模型，要面对的是 4 条供应链。

围绕泛全联盟体系下的4条供应链，终端公司探索出一条具有"移动特色，终端特点"的运营之路。总体目标是以全链路BC一体化下的客户需求为主体，满足各类客户的需求，做好泛全联盟全渠道运营。既然供应链服务的复杂程度非同一般，那就通过统筹规划、分类施策来发展供应链服务能力，使每条供应链的服务能力建设都聚焦在一个着力点上，力求重点突破。再围绕供应链端到端的交付服务水平，针对4条供应链分别梳理服务指标体系，汇集采购、生产、销售、供应的数据，进行统一的看板式运营管理、预警管理。将线上线下库存放在同一个"棋盘"里布局，汇集全渠道订单，通过数字化手段实现全渠道库存共享、统一调配、可视运营，更好地捕获销售机会、提升货存周转率。

中国移动复用现有营业厅资源，将"营业厅店"向"营业厅仓"的职能升级，满足城市5km范围内的末端客户交付，同时明确"人、货、场"3个要素的运营标准，实现了"线上下单+线下履约"的"店仓一体"模式。

通过"第一级仓网（全国骨干网）+第二级仓网（省级汇聚网）+第三级仓网（商圈接入网）"，实现1~3级仓网下的库存"一盘货"，超越行业标准的柔性交付和极致用户体验，打造更贴近客户、贴近市场一线的供应链交付体系，从而推动供应链由单一厅、店孤岛销售向OAO"销售+运营"的销售模式转变，补充中国移动特色的"2小时达服务"，提升整体客户交付时效，保持供应链交付的行业领先。（本节部分内容由中国移动通信集团终端有限公司提供）

第8章

08

不确定性的应对实践

增强供应链的韧性并不是试图消除各类冲击或威胁，而是要去承认，随机性冲击及其破坏性对产业链的演进和韧性增强是有帮助的。

重构多元化供应链体系，提升供给弹性，有数智化能力的企业表现出了良好的应变能力，它们甚至将风险化为机遇。新的企业抓住机会成长起来了。

何为"平常功夫"？就是企业在平稳发展时是否做了很多难而正确的事情。

8.1 用增强链韧性面对未来

近几年，"不确定性"被大家频频提起。环境不确定、市场不确定，高度不确定性成为市场环境的新常态。

提到"不确定性"，人们常会将其与"风险"混淆，其实这是两个不同的概念。润米咨询创始人刘润在2022"进化的力量"年度演讲中提到，无论是不确定性还是风险，均不是以代价和（发生的）概率来评定的。假设降水概率和飞机失事概率数值相同，但是代价不同，所以导致不同的风险决策。风险决策＝概率 × 代价。真正的"不确定性"，连发生概率都无法计算。

虽然追求"确定性"是一件让人很"迷恋"的事，但这个世界就是不确定的，而且正变得更加不可确定。比如在2022年，生产停工、运输停止、供应链中断、全球芯片短缺、港口封闭、人员缺乏等情况都发生了。这些很难通过计算概率的方式去预测事件发生的可能性。

长期以来，大家在谈及供应链的变革和优化时，更关注降本增效，而较少提及风险和安全。

在20世纪中叶以前，世界汽车制造业均采用福特式的"总动员生产方式"，即一半的生产时间花在人员和设备、流水线等待零部件上，另一半的生产时间才花在生产上，等零部件一运到，全体人员紧急生产产品。这种生产方式以其规模性制造的成本优势为企业创造了巨大的收益。

20世纪后半期，整个汽车市场进入了一个市场需求多样化的新阶段，汽车制造业开始围绕如何有效地组织多品种、小批量生产进行探讨。丰田公司发明了产业界有名的"精益生产"模式。准时制（Just In Time）是指在所需要的时刻，按所需要的数量生产所需要的产品（或零部件）的生产模式。"精益生产"模式要求去除浪费，加速半成品的流转，将库存减少到最低限度，只保留最小库存甚至是零库存，以此来削减成本，提高生产效能。"精益生产"模式逐渐成为全球制造行业的标配，也影响了供应链的设计理念："要精益，不要浪费"。

问题来了。假设"精益生产"模式下的外部供应链是完全稳定的，一旦遭遇"黑天鹅事件"，那么采用"精益生产"模式的工厂就有可能停摆。在发生于2011年的"3·11"日本地震中，丰田公司的生产就受到了重大冲击。丰田公司改变了保持"零库存"的做法，开始储备大量零部件。业界再次转变思路，从"Just In Time"变为"Just In Case"，也就是"以防万一"模式，在供应链最薄弱的环节加大库存冗余，来对抗市场波动和更大的不确定性。

橡树资本联席董事长及公司创始人之一的霍华德·马克斯（Howard Marks）对各国重建供应链的机会进行判断。他认为欧洲能源危机和美国这两年来的芯片短缺问题，都指向了一个趋势 ——"市场的钟摆将会离开全球化的那一端，摆向另一端的供应链本地化"。这虽然会影响制造业成本，但是"安全"已经取代"便宜"成为世界在下一个阶段的投资新主题[20]。

如何应对日益严峻的供应链不确定性挑战？**核心能力是韧性。**

---

[20]　新浪财经市场资讯. 霍华德·马克斯最新备忘录：国际事务中的钟摆效应，从欧洲能源依赖谈起［EB/OL］.［2022-03-26］.

韧性，原指生态系统在遭受某种外界扰动后恢复原有状态的能力。中国有句古语叫"疾风知劲草"。劲草就是有韧性的草，它根基牢，不脆弱，大风刮过也挺立不倒。

在供应链上的韧性能力，并不仅是受到冲击后回归常轨或均值，而是在受到冲击后能演进到一个新的均衡状态。增强供应链的韧性并不是试图消除各类冲击或威胁，而是要去承认，随机性冲击及其破坏性对产业链的演进和韧性增强是有帮助的。以下有两种解读视角。

第一，扛得住、不会垮。在面临外部冲击或威胁的不确定情况下，确保供应的安全性和持续供应，保证业务的持续运营。比如电信运营商全力做好发生突发情况时抢险救灾通信保障工作，在面对地震、洪水等突发事件时，始终与客户在一起，不惧困难和危险，分秒必争，为灾后恢复做出最大努力。

第二，有恢复反弹与改进反超能力。在冲击反应后，保持供应链产业链的演进和可持续发展。这就是纳西姆·尼古拉斯·塔勒布（Nassim Nicholas Taleb）在《反脆弱》一书中提出的观点："反脆弱超越了复原力，它让事物不仅能抵抗冲击保持原状，而且还可以变得更好。"当你寻求秩序，你得到的不过是表面的秩序；而当你拥抱随机性，你却能掌控局面。

增强供应链韧性，就要努力拓展供给来源，**重构多元化、本地化的供应链体系**。

联想的全球最大的 PC 生产基地名为联宝（合肥）电子科技有限公司（以下简称"联宝科技"）。2011 年，联宝科技落地安徽后，联想持续推进本土化产业链发展，通过长期的产业链战略合作的方式，鼓励供应链上下游企业在合肥周边建厂。目前，已有京东方、春秋电子、百迈技术在内的 70 余家供应链上下游合作伙伴落户合肥，50% 以上的直采机构件可实现本地供应，形成"4 小时产业圈"，同时，这也带动了区域数字经济的发展。

2023年1月，联宝科技凭借强大的数字化、智能化影响力，成功入选最新"灯塔工厂"名单。这也是增强供应链韧性的另一个重要方法，即进一步加大对大数据、物联网、智能制造、移动互联网、5G等新一代信息技术的研发投入，着力提高自主创新水平，加强重点产业和战略高科技产业等关键领域的供应链弹性建设。

企业若想具备"韧性"，重点在于**是否构建了核心技术供应链体系**，为企业、客户提供自主可控的高效率供给。

联宝科技的"哪吒线"，是一条主板智能化工业互联线，自动化率领先业界90%以上的生产线；"水星线"是PC整机生产线，自动化率超过50%，拥有61套自动化设备、23台机器人，能够有效保证生产线的24小时不间断生产。利用数字技术改善其工艺流程、优化供应链环节，智能制造生产线催生出一个让业界惊讶的"速度"：即使在过去两年新冠疫情反复的情况下，联宝科技也能保证在72小时内将不同形态的定制化PC送到用户手中。在闭环质量管理方面，联宝科技实现了提前24小时精准预测货物到港信息，自动生成检验报告及闭环联动管理，缩短了来料检验时间，入库效率提升了50%。

中通云仓科技有限公司发布过一个"速度云仓"纪录片，记录了"双11"第一单从下单到送出的全过程。从视频中可以看到，这一单从接收订单到出库仅耗时3分4秒，过程记录如表8-1所示。

表8-1 中通云仓科技出库过程记录表

时间	出库过程
09:32:10	接收订单
09:32:20	智能组单并下发订单到自主移动机器人（AMR）
09:32:30	AMR根据订单任务自主规划最优路径并前往拣货点
09:32:50	AMR到达拣货点并提示拣货
09:32:55	拣货员根据AMR提示完成拣货

续表

时间	出库过程
09:34:10	AMR完成多库位的整单拣货
09:34:30	AMR到达打包台卸货
09:34:45	人工复核并完成打包
09:35:10	货物被放入传送带出库

表8-1中提到的AMR，是由炬星科技（深圳）有限公司（以下简称"Syrius炬星"）研发的。物流机器人企业Syrius炬星成立于广东深圳，是国内最早一批专注AMR机器人研发的企业，其特色在于帮助客户实现低门槛的柔性智能仓转型，以人机协作的模式完成货物搬运。对于中小企业来说，它还开创性地提供机器人按需租赁（RaaS）模式，客户通过租赁即可使用机器人，客户前期投入成本小、见效快，进一步降低了准入门槛。

重构多元化供应链体系，提升供给弹性，有数智化能力的企业表现出了良好的应变能力，它们甚至将风险化为机遇：智能自动化技术得到进一步发展，新的运营模式开始得到实际应用。新的企业抓住机会成长起来了。

面对不确定性，重构全球供应链也需要新的思路。我们需要在能力建设中消除安全隐患。对企业而言，长期的应对战略是以企业韧性为底层逻辑，围绕"反弹恢复"与"反超改进"两大核心维度发展。

一个有韧性的产业链供应链，需要龙头企业发挥牵引作用，中小企业发挥国内部分重点节点保障作用。大中小企业有效整合产业链上下游企业资源和要素实现融通发展、内外联动。只有这样，当产业面临不确定风险时，产业链条中关键环节的企业才有可能具备足够的抵御和抗衡能力，利用企业的韧性战胜冲击。

8.2　政府的"有形之手"

要做好供应链风险管理，有为政府和有效市场都要发挥作用。

要怎么理解政府和市场之间的关系呢？中国共产党第十八届中央委员会第三次全体会议指出，"使市场在资源配置中起决定性作用和更好发挥政府作用"。中国共产党第十九届中央委员会第五次全体会议又提出了新论述："坚持和完善社会主义基本经济制度，充分发挥市场在资源配置中的决定性作用，更好发挥政府作用，推动有效市场和有为政府更好结合。"其将对市场"无形之手"与政府"有形之手"之间关系的认识提升到了一个新的高度。这是理解其内涵的出发点。

防范风险，保障产业链供应链安全，要上升到国家战略层面来看。

这是国家安全保障的重要组成部分，是助力国家产业高质量发展、保障实体经济稳定运行、构建新发展格局的重要内容。《中共中央关于制定国民经济和社会发展第十四个五年规划和二〇三五年远景目标的建议》提出，"加强国际产业安全合作，形成具有更强创新力、更高附加值、更安全可靠的产业链供应链"。

在错综复杂的国内外环境中，防范风险、维护我国产业链供应链安全需要系统谋划、统筹兼顾。正确的政策导向和合理的顶层设计，是政府要做的，也只有政府能做。

2022年中央经济工作会议进一步对2023年全国经济工作重点进行了细化和展开。会议指出：要有力统筹教育、科技、人才工作。布局实施一批国家重大科技项目，完善新型举国体制，发挥好政府在关键核心技术攻关中的组织作用，突出企业科技创新主体地位。提高人才自主培养质量和能力，加快引进高端人才。

也就是说，中央明确，在掌握产业链关键环节或重点领域核心技术，解决产品、技术等发展瓶颈的问题上，**要完善新型举国体制，政府要发挥好组织作用。**

身在中国，人们对"举国体制"这几个字大概都是有感觉的。比如，举国体制让我国在一穷二白的情况下研制出"两弹一星"。

以笔者的理解，举国体制不一定是全民上阵做一样的事、做一样的动作，而是**一种方向指引，让市场、行业、资本和企业知道往什么方向努力，从而达成共识，形成合力。**

对我国近年来中央工作总基调及重点任务的回顾如下。

2020年年底召开的中央经济工作会议，重点在"必须清醒看到，疫情变化和外部环境存在诸多不确定性，我国经济恢复基础尚不牢固"，因此为2021年规划了8个重点任务，如强化国家战略科技力量、增强产业链供应链自主可控能力和全面推进改革开放等。

2021年年底召开的中央经济工作会议，重点在"沉着应对百年变局和世纪疫情"，指出"我国经济韧性强，长期向好的基本面不会改变"，但当下的经济发展面临需求收缩、供给冲击、预期转弱三重压力。2022年，被列为主要任务的7类政策都是稳住大局，确保经济和社会的稳定[21]。

---

[21] 经济日报. "三重压力"下如何稳增长［N/OL］.［2021-12-18］.

为应对产业链供应链问题，2022 年 4 月 18 日，全国保障物流畅通促进产业链供应链稳定电视电话会议召开，会议部署 10 项重要举措，要求努力实现"民生要托底、货运要畅通、产业要循环"，要着力稳定产业链供应链，通过2000 亿元科技创新再贷款和用于交通物流领域的 1000 亿元再贷款撬动 1 万亿元资金，建立汽车、集成电路、消费电子、装备制造、农用物资、食品、医药等重点产业和外贸企业白名单。

处理好政府和市场之间的关系，关键在政府。不是要更多地发挥政府市场监管等作用，而是要在保证市场发挥决定性作用的前提下，管理好那些市场管理不了或管理不好的事情。下一步，政府可能会加强的规划引领和政策指导如下。

①通过产业链升级和产业提前布局，打破行政壁垒对产业链供应链的分割，使产业链逐步转变为产业矩阵、产业网络，有效保障本国重点产业的持续发展。

②强化重大生产力统筹布局，发挥各地的比较优势，开展产业链分区域、分类型、分环节的指导工作，明确各地的重点发展领域和重大前导项目，推动产业链供应链跨区域高效配置。

③积极布局数字经济产业链新型基础设施建设，完善煤炭、矿石等原材料供应渠道布局，重构传统产业供应链，塑造新兴产业链。

④支持龙头企业"做大做强"，中小企业"做专做精"；充分发挥国有资本在产业转型升级、高精尖技术突破、完成急难险重任务、应对外部风险冲击方面的"压舱石"作用，使其掌控产业链供应链中战略意义强、技术含量高的关键环节。

⑤指导企业建立对自身供应链安全性的评估机制，引导产业链供应链重点企业制定供应链风险预警和应对方案，增强其节点支撑能力。

⑥实施产业链"链长"行动计划，培育一批具有全球竞争力的产业链"链长"领军企业，加强对产业链关键环节的控制力。

⑦加强产业链供应链领域的国际合作，深度参与全球产业分工合作，维护多元稳定的国际经济格局和经贸关系，积极探索国际合作新模式。

8.3 市场和社会的"无形之手"

供应链要解决的问题，是怎么样才能实现精准的供需平衡。"所囤即所需，所需即所囤"，最好囤积在库房里的货物，就是你需要的；反过来，你需要的，正好就是库房里囤积的货物。

在突发危机事件时，这个供需平衡被打破了。比如2018年的非洲猪瘟疫情与"猪周期"的叠加影响造成猪肉供给大幅减少，这是供给减少导致的短缺。又如2020年新冠疫情造成口罩、防护服等防疫物资需求大幅增加，这是需求增加导致的短缺。

市场这只"无形的手"，拥有自我调节供需失衡的能力，往往能在应对危急情况时产生令人意想不到的效果。

2020年年初，新冠疫情来势凶猛，口罩短缺。据工业和信息化部提供的数据，正常情况下，我国口罩产能大约是每天2000万只，其中医用外科口罩产能是每天220万只，医用N95口罩产能大约是每天60万只。但在新冠疫情暴发后，我国的口罩严重短缺，再加上春节期间停产，企业复工压力大，就算口罩企业全力以赴复工复产，短期内多地可能仍然存在"一罩难求"的情况。在这种背景下，各地相关部门一方面督促、协助各生产企业尽快复工复产，另一方面也鼓励支持一些企业进入口罩生产领域。

中国石化官方微博、易派客官方微信发出"我有熔喷布，谁有口罩机"的合作需求，不到 3 小时，中国石化就确定了 11 台口罩机的购置事宜，在一定程度上为当时的新冠疫情防控作出了贡献。

同时，越来越多行业的企业都充分利用自身优势，跨界进入口罩、防护服等紧急防疫物资的生产领域。比亚迪、五菱汽车等一些汽车制造企业都迅速转型生产口罩。比亚迪腾出了进行精密组装的无菌工厂，自己设计口罩机，自己制作熔喷布，很快口罩日产量就达到了 1 亿只，不但自家工人使用，也为国家提供战略物资储备，还向海外出口。

五菱汽车联合供应商转型批量生产口罩，印在口罩包装盒上的"人民需要什么，五菱就造什么"的标语一时间"刷爆"微信朋友圈。如今，五菱汽车已经获得医疗器械经营许可证并通过了专业检验，成为一家具备口罩研发生产、经营等相关资质的汽车企业。

口罩和汽车，看似相差很远，其实在原材料和制造技术上有着不少重合之处。吸音棉主要由聚丙烯纤维无纺布组成，属于聚丙烯熔喷无纺布，而医用 N95 口罩和医用防护口罩的材质也属于聚丙烯纤维无纺布。再加上汽车生产厂普遍拥有宽敞的场地、熟练的工人。因此，汽车企业迅速转产口罩是可行的。

企业能够迅速跨界、快速响应和转产，在于它本身具备一定的跨界实力和技术优势，并且拥有一定的协同能力进行转产。在应对突然发生的危机事件时，还有很多企业发挥着重要作用。苏宁易购发挥家电家装供应链及物流送装能力，助力各地方舱医院的建设；在福州，永辉、朴朴等超市承担起保障当地生活物资的重任；在上海，社区团购行业对商业模式进行了再思考。天猫判断面对新冠疫情，电商单仓发货全国的风险系数越来越高，未来一定是"线上线下互发，近场远场混合"模式，店就是仓，仓就是店，因此推出"天猫优仓"计划，为商家提供发货解决方案。

如何发挥企业的优势，让更多有条件的企业愿意跨界，为突发危机事件贡献更多的企业力量，这值得总结和探索。

企业的跨界行为是社会责任，背后有其商业逻辑。根据亚当·斯密的理论，**"无形之手"并不是外来的力量，而是市场中每个角色根据自己利益进行价值博弈的结果**。优秀企业甚至能将风险化为机遇，驱动企业供应链数智化转型。

京东工业品研发"京东工采"数字化采购平台，专注专业工业品采购，包括个人防护、紧固密封、工具耗材、金属加工、清洁办公、仪器仪表等场景的一站式采购。中化蓝天、陕西建工、中铝集团等6000家大型集团企业都是其用户，平台打通供应链资源，快速构建覆盖全国的商品寻源能力。该平台还实现了覆盖需求归集、审批、执行，以及后续的交付、履约、配送等采购全流程的数字化、可视化管理，如采购清单与采购计划自动匹配、出库配送签收信息实时同步、随时查看履约进度等，进一步提高了供应链管理的精度，提高供需匹配效率。

菜鸟驿站的"小蛮驴"机器人，是阿里巴巴达摩院研发的L4级自动驾驶产品，投放在快递"最后一公里"。"小蛮驴"机器人的主要使用场景就是送快递，如在校园场景中提供的"预约送货到楼"服务。校园环境相对封闭，快递员不太方便频繁地进出校园，慢速的无人车让校方更易于接受。"小蛮驴"直接将快递送到楼下，特别是运送一些比较重的包裹，十分方便。新冠疫情防控期间，无接触配送方式得到了快速普及。在2022财年的财报里，阿里巴巴的数据显示，"小蛮驴"推出不到两年时间，已派递了超过1000万个包裹，在小区无人派递方面领先同行业其他企业。

还有重要但常被忽视的力量——社会力量。

互联网时代，为大众支撑起便利生活的"关键队伍"是配送大众每日生活物资的快递行业终端服务链从业者，即"骑手"。

这样的人群有多少呢？根据《中国灵活用工发展报告（2022）》，我国灵活用工人数规模有 1 亿，以互联网平台用工和传统零工为主的零工市场规模超过 3500 万人，其中外卖员、快递员等群体占 60%。不难预判，随着我国数字技术和平台经济的快速发展，其规模会不断增长。

但数字劳动有其隐蔽性和隔离性。2020 年 9 月，《人物》杂志在其官方微信公众号发表文章《外卖骑手，困在系统里》，引发热议。算法通过日益提升的精准性和标准化管理，将外卖员的劳动过程置于细致入微的监管之下[22]，数字平台也将人与人之间的距离拉远——我们经常忘记，屏幕的对面同样是为梦奔跑的人。

技术逻辑中要含有人的温情。越来越多的人开始关注这一新兴群体在就业稳定、工作环境、职业保护、社会保障等方面的改进措施。

中国移动推出"心级服务骑士守护计划"，为骑手定制贴心、暖心的产品和服务，关心、关怀骑手，也为快递行业助力、赋能。其目前已与美团、京东、中国邮政、闪送、京邦达、滴滴、中通快递、饿了么、韵达速递、圆通速递、顺丰速运、货拉拉等多家物流、快递、外卖公司达成合作协议，骑手专属的神州行骑士卡客户数量已超过 100 万。

---

[22] 孙萍. "算法逻辑"下的数字劳动：一项对平台经济下外卖送餐员的研究［J］. 思想战线，2019，45（6）：50–57.

8.4 应对危机，"下功夫"在平时

北京大学国家发展研究院经济学教授周其仁2022年在"精益化：疫情下的制造业平常功夫"云会议上发表了一个演讲，主要观点是**"企业越遇惊涛骇浪，越看'平常功夫'"**。

周其仁表示："'平常功夫'为什么重要？不管情形多么惊涛骇浪、千变万化、高度不确定，我们这个生物世界、商业界与人类社会的生存竞争，最后还是适者生存。有些人不一定是身体多棒，但他将自己调养得能适应变化。"[23]

换言之，个人和企业所有的优势资源，其实都是有存在期限的。一种情况是，随着时间的流逝，当初成就你的人和事，最后很可能反过来耽误你的发展，这在理论上叫作路径依赖；另一种情况是外界突然发生剧烈变化，曾拥有的优势资源立刻不适应于当下条件了。这也正是为什么海尔的张瑞敏多年常用的一个演讲题目是："没有成功的企业，只有时代的企业。"

"提高免疫力"就是一种"平常功夫"。我们平日里锻炼身体，提高免疫力，并不是针对哪一种具体的病毒，而是为了在特定的场景下，能够显示出优势。这个道理无论是对于个体的健康，还是对于企业的健康，都是适用的。能

---

[23]　南方+．周其仁最新演讲：企业越遇惊涛骇浪，越看"平常功夫"［EB/OL］．［2022-04-28］．

否成功地应对危机情况，取决于企业能不能够保持平常状态。

结构功能主义作为西方社会学理论最重要的流派之一，强调的就是社会运行和社会发展的平衡、协调的机制[24]。其代表人物帕森斯认为，社会系统内部的各构成部分在对系统整体发挥作用的同时，通过不断地分化与整合来维持系统整体的动态的均衡秩序[25]。

这就是供应链的"韧性"。当突然遭受巨大冲击的时候，能够实现保供不间断，并快速地恢复到某种稳定状态，在危机过后，保持体系的可持续发展，这就是供应链在应对紧急状况时的底层逻辑。

何为"平常功夫"？就是**企业在平稳发展时是否做了很多难而正确的事情**。

笔者在地级市调研企业时，听过这样一个故事。领导正在开会，收到一条来自客户的信息——有一个很好的新产品可以合作，是不是该联系采购对接。领导就对信息进行截图并发送给助理，让助理安排采购员尽快与此客户取得联系。助理安排采购员 Z 处理，采购员 Z 说，调整分工后，这个品类的采购由采购员 L 负责，需要将客户的联系方式转交给采购员 L 或是直接将采购员 L 的联系方式提供给客户让其取得联系。

然后，客户没有等到采购员的联系。原因也很简单，助理觉得已经传达了领导的要求，告知了采购员，后面的具体事宜应由采购员完成。而采购员 Z 认为回复不归自己负责，这件事就结束了，助理应该再找采购员 L。

一个及时回复、跟进工作的习惯，就是在日常的经营组织中要建立起来的工作能力。

再比如保持和供应商间的长期关系。现在的竞争已不是企业之间的竞争，

[24] 贾春增 . 外国社会学史［M］. 北京：中国人民大学出版社，2005.

[25] 刘润忠 . 试析结构功能主义及其社会理论［J］. 天津社会科学，2005（5）:52–56.

而是整个供应链的竞争。管理与供应商的关系变得很重要。一个更稳定、更具弹性和韧性的供应链，决定了风险管理措施是否真的有效，措施能不能够真正落地执行。企业一旦处于危机之中，就总是喜欢和供应商谈长期关系，期望以"情"动人。但长期关系也是在日常合作中逐步建立的，每月和供应商砍一次价，每季度更换一个供应商，企业如果经常这样做就很难想象在遇到突发状况时，供应链合作伙伴会愿意与企业一起想办法来进行补救。跟关键供应商建立长期关系，成为供应商的优质客户，这些也是"平常功夫"。成为"良好甲方"，可以做的事包括做好需求管理，跟营销协同工作，提高预测准确度；不通过把问题转移给供应商来解决问题；把新产品、新项目集中在有限的供应商上等。

这就需要基于各企业的经营现状，去挖掘、构建更适合自己的供应商关系管理模式，构建更加稳定且具备弹性的供应链。

平时就需要全方位对企业内部运转效率进行评估，看看自己企业的真实经营能力与运转效率，包括信息传达、人均销售、人均利润、库存周转、组织结构等方面。提高经营效率是对冲经营风险的关键。过去很多企业不关注这些数据，不重视经营效率，但在风险时期，效率低下的企业将首先出局。

企业对风险事件的提前策划及响应能力，决定了突发事件期间企业供应链的反应速度，当然也决定了企业在此期间的效益。

企业反应速度快，可以从"危机"中获得更多的"机会"，甚至获得效益。一个比较有效的方法，就是组织开展各类风险事件推演，特别是针对一些极端情境，预先商议跨部门协作规则。因为在极端情境下，不能再使用原来的工作方法，而且在企业内部充斥着焦虑和恐惧的情绪时，协同工作更难，所以企业提前在相对有安全感的情况下策划好应对策略，建立良好的风险应对机制，就有可能更从容地应对各类突发危机情况和风险事件。

　　当然，日积月累的"平常功夫"，意味着可能会提高某些成本，比如多备安全库存，肯定不如"一仓发全国"的性价比高。选择效益还是选择安全？这是企业要平衡的。

　　企业还是可以多思考能否在供应链中降低一些不必要的成本，将节约的成本用于控制风险。从2021年中国物流集团成立到2022年全国统一大市场的建设，随着政府不断加大基础设施建设的投入，不断通过出台政策来推动资源整合，把节约出来的成本投入风险控制是完全可能实现的。如果未来在不同地域之间，进行不同运输模式切换时的物流成本能够显著降低，那么供应链上的企业就会有更多资源用来进行风险管理。

　　危机，有时也能变成巨大的"机会"。外在环境的改变促使企业调整能力组合，然后新的能力组合可能形成一种新的产品、服务和竞争力。所以，应对危机的能力既是一种应急的功夫，更是一种"平常功夫"。

8.5 实战：制造业的应对攻略

供应链天然是一个跨地域、跨企业的组织形态，是一个信息流、产品流和资金流畅通流动的过程。而新冠疫情防控要求通过必要的隔离、限流来阻断病毒的传播，关键是要静下来，在动静之间确实存在固有的矛盾。

新冠疫情对制造业的影响，不仅体现在销售端的交易环节上，更体现在生产环节上。当时，对于供应链上游，很多工厂就算通过员工闭环管理达成开工条件，也面临着"原料进不来，产品出不去"的困境，这也是复工复产后产能恢复需要一个过程的原因。

因此，制造业的龙头企业需要更多供应链与商业模式创新层面的积累，以及调动更多生态圈资源的能力。

比如前面介绍过的海尔。在40多年的企业发展历程中，其对设计、采购和制造等供应链主要环节进行模块化改造、帮助优秀的零部件供应商与海尔共同成长，成为海尔的长期战略合作供应商，创立了卡奥斯COSMOPlat工业互联网平台、对用户开放菜单式定制，进行CTO（按订单配置）模式的拉式生产，利用自己的日日顺网络来加强下游企业的交付和服务能力，这些能力和方法让海尔在客户和市场需求发生变化时，可以快速以低成本进行产品型号和数量的调整。正是这些"平常功夫"，帮助海尔维持运营的连续性，在新冠疫情防控期间实现了快速反应和有韧性的供应链，还帮助多家生态合作伙伴快速开发和生产出各类移动方舱、移动测温消毒通道等海尔及其生态合作伙伴从未涉足过的领域的产品，实现了供应链赋能。

面对突发危机，在同样洞察到需求变化，或者同样有应急计划的情况下，如果一家企业的供应链反应速度比别的企业更快，它就能更及时地将需求信号或应急方案传导到供应链的各个环节中。

中小企业和核心企业的做法有所不同，但也有相通之处。比如，二者都必须重视风险，具备风险管理能力和知识；企业要努力通过定性和定量手段洞察外部环境的变化，从资源储备、风险识别、风险评估、风险管控方案的制定和执行各个维度建立或完善系统化的应急供应链管理体系。此外，要加快企业的数智化转型，在投入和评估这些能力时，要将其对风险控制的贡献也作为衡量指标，而不是只看成本和效率。

对企业而言，只知道应该做什么是不够的，更重要的是如何做到。笔者在参访了几个年产值从数亿元到数十亿元的制造企业后，认为以下举措是切实有用的。

要进行短期和中期的全方位的企业情况摸底和压力测试，并以销售额下跌为前提进行预测。

要掌握企业员工的情况。做好员工情况的全面摸底，状态及时更新，要有预案。如果其中涉及企业的关键人员，要更为重视。

对企业延迟开工、停工的影响进行测算。测算假期延长可能造成的影响，企业继续停工可能造成的影响。重点关注成本支出、订单交付等情况。在有特殊情况时必须与客户进行沟通，延期交付，避免违反商业条款而引起额外风险。

接下来是现金流、销售周期、成本变动、利润率变动情况。因为一旦销售额下跌而不能控制成本，对企业来说是极其危险的。在压力测试中，当销售额下降10%、20%，成本不能控制甚至不降反升时，不仅会对企业利润产生影响，更有可能是现金流出现问题，后果不可预测！一个特别重要的建议是：要格外注重保障现金流。要控制成本、减少投入，暂停甚至砍掉亏损或者需要长期培育的项目，减少、暂停与提升效率无关的固定资产投入。对于很多中小制造企业来说，要根据前端销售情况及时调整生产计划，去产能、去库存。在这一点上，宁可不生产，也不能生产出来后产品变成库存。

在供应端，检查供应链是否有类似的"灰犀牛"情况。如果有，则不能仅从性价比的角度去采购，还要从供应链安全角度进行多元布局，实现核心零部件的自主可控。如果有哪些零部件只有一家供应商在供应，而且还是海外的供应商，那就应该特别注意。企业要想办法拥有自己的战略储备，比如多囤积货物，或者再找到其他的方案。加快采购计划流程的优化；与供应商协商，尽可能在物料确认、仓储、付款周期等方面给予一定的空间，以减轻现金流的压力。

举个例子，在芯片短缺的环境中，如何保证芯片的供应？企业的供应链部门从不同的供应商、不同的渠道了解到芯片供应商的危机，在企业的月会、专题会等重大会议上报告芯片断供带来的风险。公司级别讨论应对策略及长期的替代方案。可以通过供应商专项专款建立紧急储备库，保证年度物料的供应；从企业的长期发展来考虑，由供应商协助解决芯片替代方案；在日常管理中，采购员应跟踪储备库落实的情况、库存消耗的速度并及时向公司报备。

俗话说："货要能流出去，钱才会流回来"。对制造业而言，销售端也很重要。

在销售端，应先进行一次全面、详细的销售盘点。评估外部销售渠道，对受影响大的销售渠道，要进行调整。评估商品的销售流速，调整商品加价率。这个时候，越高的产品加价率，将导致商品销售实现得越慢、库存累积得越多。

要重点关注库存。如果库存超过一定的界限，就要迅速清理库存（打折、买断），捐赠有时也是一种手法。

总体来说，要采取收缩策略。调整渠道结构，对前期经营不理想的渠道、门店及时进行调整。

为了能更快地"把货流出去，让钱流回来"，组织内部也可以进行一些暂时性的变革。在企业内部的一些项目上，企业可以考虑内部创业、承包制、全员营销、激活组织、共担风险等。企业员工一起共渡难关，共克时艰。

第 9 章

09

供应链和现代产业链

现代产业链建设通常有两个重要方向：

一是数字化、智能化赋能传统产业，

促进产业的转型升级；

二是加快以信息技术为基础的新兴产业链的建设。

现在企业应该怎么发展？成功率比较大的方法是，以产业链视角，找到链长，抓住"延链、补链、强链"的机会，将企业做大、做强。

"链长制"是中央企业发挥战略支撑作用的具体路径。做好"链长"，不仅要追求自己的好成绩，更要领导、带动这个产业链的众多参与者一起发展，通过成就他人来成就自己。

9.1 产业链升级的两个方向

要更全面地了解供应链，就要提到多重供应链条的复合体——产业链。

产业链是产业经济学中的一个概念，指各个产业部门之间基于一定的技术、经济联系和时空布局关系而客观形成的链条式关联形态，通常可以从价值链、企业链、供需链和空间链4个维度予以考察[26]。

产业链和供应链都是链条式的，两者紧密联系，又有所不同。**产业链包含供应链，供应链是产业链的一部分，是生成产业链的基础。**

从关注点来看，供应链侧重于企业之间资源的转换、传递等供应关系，产业链侧重于产业联系、企业布局和分工协作关系。从主要目标来看，供应链追求降低总生产成本、提高供应的效率，产业链则要优化产业间技术经济关联、寻求整个产业链条最大效益、提高产业链运行效率和产业链综合竞争力。

在实践中，企业的经营管理其实是同时涉及产业链和供应链的，要注意做到两者融合、协同。也就是说，企业在制定和实施供应链战略时，供应链战略目标要与产业链进行匹配和统一。

产业链供应链体系构成了产业经济运行的基本脉络，各类生产要素、资

---

[26] 罗仲伟，孟艳华. "十四五"时期区域产业基础高级化和产业链现代化［J］. 区域经济评论，2020（1）：32–38.

源、商品等沿着产业链供应链循环流转，是经济循环的重要组成部分。建设现代化产业体系的战略部署，催动产业链供应链提质升级是保障实体经济稳定运行、构建新发展格局的重要内容，也是国家经济安全的重要组成部分。

2023 年 2 月，中共中央、国务院印发了《数字中国建设整体布局规划》（以下简称《规划》）。《规划》指出："建设数字中国是数字时代推进中国式现代化的重要引擎，是构筑国家竞争新优势的有力支撑。"《规划》明确，数字中国建设按照"2522"的整体框架进行布局，其中，要夯实数字基础设施和数据资源体系"两大基础"，这正是产业链升级的基础。

2020 年 4 月，中共中央、国务院印发了《关于构建更加完善的要素市场化配置体制机制的意见》，其中首次把数据作为第五大生产要素与其他传统要素并列，并提出了 3 个重点发展方向，即推进"政府数据"的开放共享、提升"社会数据"的资源价值、加强"数据资产"的确权保护。

中国还在大力推进新型基础设施建设。要适度超前推进网络、平台、安全三大体系建设，提升工业互联网大数据中心、标识解析体系、安全态势感知系统等重点设施效能，扩大区域、行业、领域覆盖面，提升服务企业数量，促进工业互联网数据流通、有效利用和安全保障，夯实数字经济发展的基础[27]。

可以看看深圳的城市实践。2021 年年底，国家发展和改革委员会批复同意深圳市组织开展基础设施高质量发展试点工作。2022 年，深圳市人民政府印发了《深圳市推进新型信息基础设施建设行动计划（2022—2025 年）》（以下简称《行动计划》）。《行动计划》明确了深圳市推进新型信息基础设施建设总体目标，到 2025 年年底，基本建成泛在先进、高速智能、天地一体、绿色低碳、安全高效的新型信息基础设施供给体系，网络建设规模和服务水平全球

---

[27] 央视网. 工业和信息化部：增强新基建，适度超前推进网络、平台、安全三大体系建设［EB/OL］.［2022-04-19］.

领先，成为世界先进、模式创新的新型信息基础设施标杆城市和全球数字先锋城市。

为实现这一目标，《行动计划》提出了加快升级网络接入设施、致力打造信息通信枢纽、加快构建物联感知体系、协同部署数据和算力设施、前瞻布局新技术基础设施、全面夯实关键支撑能力等六大任务、十大重点工程和28条具体举措。

时代赋予中国移动、中国电信、中国联通等网信领域中央企业"新使命"，大力推进数字基础设施建设正当其时、适逢其势。2023年5月25日，第十七届中国信息港论坛暨首尾数字化转型高峰论坛在山东青岛召开，中国移动通信集团有限公司副总经理李慧镝在主论坛上作了题为《数字基建、智创未来、共谱高质量发展新华章》的演讲，中国移动打造以"5G、算力网络、能力中台"为重点的新型基础设施，创新构建"连接＋算力＋能力"新型信息服务体系，通过构建"柔性泛在的连接基础设施、协同智联的算力基础设施、智能多维的能力基础设施"，持续发挥关键底座之力，支撑千行百业数智化转型。

中国的产业结构变化，是从基础原材料延展到工业品、中间品、化工，再发展为消费品、工业品，现在升级为高附加值产品、工业品及高附加值服务的。

高附加值工业品，指的是售卖产品有一半售卖的是高附加值服务。比如特斯拉汽车的高附加值，指那些软件跟智能驾驶系统；还有华为产品的高附加值体现在技术、软件、设计等。

中国产业结构升级，就是一个不断提高附加值的过程。数智化转型重塑产业链供应链，使现代产业链应运而生。如果想要既保有这个长链条，又保有足够的量，同时还要让该产业链中的企业的利润增长和工人们的收入增加，为了使工人与企业有获得感，就需要提高附加值，让产业链现代化。

对于这点，在中共中央、国务院印发的《扩大内需战略规划纲要（2022—

2035 年）》中说得很明白："发展服务型制造，鼓励制造业企业发展生产性服务业，拓展研发设计、供应链协同、系统解决方案、柔性化定制、全生命周期管理等增值服务，促进制造业企业由提供'产品'向提供'产品＋服务'转变，提升价值链。"

现代产业链建设通常有以下两个重要方向。

一是数字化、智能化赋能传统产业，促进产业的转型升级。支撑数智化生产，推动生产、销售、管理等各环节的自动化、智能化改造，加快智慧工厂、远程服务、无人农场等应用场景落地，有效提高生产效率、改善生产环境、保障生产安全。让数智化融入经济、社会、民生各个方面、各个领域，充分释放数智化应用的规模效应。例如，在制造业企业整个业务流程中，实现跨部门的系统互通、数据互联，促进基于数据的跨区域、分布式生产、运营，提升全产业链资源要素的配置效率。

二是加快以信息技术为基础的新兴产业链的建设。算力网络、工业互联网、卫星互联网等领域的创新发展，推动网、云、数、智、安、边、端、链等新一代信息技术融通发展。深化技术能力融合创新，推进人工智能、大数据、物联网、区块链、AR/VR 等通用技术能力的集中沉淀和开放共享，加快向工具化、平台化发展，实现产业升维和核心价值再造，不断提升全社会创新的效益和效率。

建设现代产业链，上述两个发展方向是相辅相成的，都是以新一代信息技术为手段，融合产业链各环节、全过程，促进产业的积极布局、重构和优化升级，提高资源在全产业链范畴的配置效率。只有重构资源配置方向，对传统产业链进行重组和再造，提高产业链运作效率，才能推动全产业链的优化升级，使整个产业体系形成螺旋上升的发展模式，提升产业现代化水平与整体产业链的竞争力。

9.2 "链长制"是重要抓手

笔者曾向业界前辈请教，询问现在企业应该怎么发展？前辈有一个论断：成功率比较大的方法是，以产业链视角，**找到链长，抓住"延链、补链、强链"的机会，将企业做大、做强。**

在公开报道中，长沙是较早提出"链长制"的地区。2017年11月23日，长沙召开全市产业链工作动员部署会，提出全市在各个省级以上园区设立22个产业链推进办公室，由20位市级领导担任"链长"，园区相关负责人、业务骨干和各市直部门、区县（市）选派的优秀干部88人组成产业链推进团队，打造优质完善的产业链。

第一次在国家层面的政策文件中提及"链长制"，是2020年9月国务院发布的《中国（浙江）自由贸易试验区扩展区域方案》，其中指出，要建立产业链"链长制"责任体系，提升"补链"能力。

截至2021年，大概29个省市提出要推进"链长制"[28]。在2022年，各省市进一步推进相关工作。如在2022年5月31日，杭州市召开全市经济稳进提质攻坚行动推进会暨制造业高质量发展大会，会上发布了《杭州市产业链链长

---

[28] 新京报. "链长制"，为何成了"热词" | 新京智库［EB/OL］.［2022-07-05］.

制实施方案》，要以产业链"链长制"为抓手，建设智能物联、生物医药、高端装备、新材料和绿色低碳五大产业生态圈，着力打造视觉智能、集成电路、药品、智能装备等重点产业链。五大产业生态圈将覆盖全市域，产业链"链长"均由市领导担任。安徽十大产业成立了10个产业专班，每一个产业专班都由一位省领导来牵头，这个人就成了"链长"。

"链长制"已经成为政府保产业链供应链稳定、推进产业发展的一种长效性工作机制。

整体来看，由于产业链的基础条件、面临的发展形势有所不同，各地推出的"链长制"大多集中在主导产业和战略性新兴产业领域。龙头企业在产业链中利用自身技术、资本、品牌优势，强化战略资源整合，加强产业链上下游企业并购重组，增强产业链关键环节控制力，淘汰产业链落后环节，引领产业链发展。

例如，山东省强调发挥国有企业的龙头引领作用，遴选浪潮集团、潍柴动力、山东钢铁等13家省属企业在新一代信息技术、高端装备、先进材料、高端化工等11条标志性产业链中担任"链长"企业。

"链式"甚至已成为一种招商方法，即产业"链式"招商。"链式"招商的思路不同于以往靠政策、资源的老招商办法，其采用产业链集群相互平衡、补链的做法，通过激发产业"链式"效应，培育一批示范带动作用强的产业链集群，吸引更多产业链上的企业。

2022年5月，河南省人民政府办公厅印发了《河南省制造业头雁企业培育行动方案（2022—2025年）》，其中提出："到2025年，力争在产值规模30亿元以上的传统产业企业、10亿元以上的新兴产业企业、1亿元以上的未来产业企业中，认定一批头雁企业，形成十百千亿级优质企业雁阵。"除了河南，广西也提出实施龙头产业链精准招商行动。在广西壮族自治区人民政府办公厅印发的《强龙头壮产业行动方案》中，广西提出今后3年"为加快培育一批群链牵引力强、产出规模大、创新水平高、核心竞争力突出、市场前景广阔的链主型龙头企业，推动产业增链补链强链，促进产业高端化、智能化、绿色化发展，制定本方案。"

对于地方政府来说，关键是通过龙头企业形成带动效应，即"引进一个企业、壮大一个产业、形成一个集群。""链长"的主要职责就是聚焦产业链"建链、延链、补链、强链"，在统筹协调企业复工复产方面促进产业链上下游的大中小企业协同发展。

"链长制"还是**中央企业发挥战略支撑作用的具体路径**。

中央企业正在逐步实现由单一产品视角向产业链视角转变、从关注短期经济价值创造向夯实产业链基础逻辑转变等一系列转变，并取得了一大批建设成果，现代产业体系建设也明显得到了提速。目前，共有首批29家策源地企业和两批16家链长企业，着力打造原创技术策源地和现代产业链"链长"[29]。其徽标如图9-1所示。

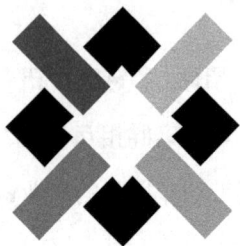

图9-1 "勇当现代产业链链长"徽标[30]

移动通信是中国赶超较为成功、已经确立全球领先技术地位的典型产业之

[29] 新华网. 新时代国资国企改革发展和党的建设情况［EB/OL］.［2022-06-17］.

[30] 2022年11月3日，国务院国有资产监督管理委员会组织召开主题为"贯彻落实党的二十大精神 提升产业链供应链韧性和安全水平"的中央企业产业链沙龙。沙龙现场发布了"勇当现代产业链链长"徽标。

一。移动通信产业链较长，包括芯片和元器件厂商、网络系统设备厂商、网络运营商、终端设备商、业务和应用服务商等众多环节，要实现端到端通信，缺少其中一环便会寸步难行，产业链的协同发展至关重要。

5G 发牌 3 周年，我国移动通信产业经历了"1G 落后、2G 追赶、3G 突破、4G 同步、5G 领先"的跨越式发展，中国移动其实已经实质性发挥了"隐形链长"的作用，这也是中国移动"链长"成长历程的真实写照。

中国移动的商用道路非常艰辛，一路攻克难关，形成了具有自主知识产权的 TD-SCDMA 技术，将其推广为标准，并成功实现国内市场份额"三分天下有其一"。

终端是运营商经营的重要抓手。由于 TD-SCDMA 产业链一直由中国移动独家推动，在发展初期市场不明朗，因此厂商投入 TD-SCDMA 终端研发、生产的意愿不强。2009 年，中国移动投入 6 亿元，与 9 个手机厂商和 3 家芯片厂商签署"TD-SCDMA 终端专项激励资金联合研发"合作协议，带动产业链的合作投入；加上终端补贴、集中采购、渠道合作等，基本达成了带动产业链，实现 TD-SCDMA 终端与其他制式的终端，同款产品实现"同时、同质、同价"即"三同"推出的目标。

2013 年年底，4G 牌照发放。中国移动再次肩负起牵引 TD-LTE 产业链突破创新和推动全球化部署的重任。前瞻性地成立了 GTI（TD-LTE 全球发展倡议）组织，联合产业界解决技术、产业、组网、测试、组织机制的难题，重大核心技术取得突破，实现 TD-LTE 全产业链的群体突破，在国际通信领域话语权不断提升。

在终端产业，中国移动继续提出频分双工（FDD）/时分双工（TDD）终端的"三同"目标。吸取 TD-SCDMA 国际化程度不高的经验，在 4G 终端领域，中国移动提出了"出得去、进得来"目标，旨在能使中国 4G 标准真正实现全球运营。在2013年巴塞罗那世界移动通信大会上，中国移动展出 TD-LTE 终端，其中"五模十频"终端为基本型产品，"五模十二频"终端为引导型产品。这是整个 TD 产业链的发展和进步。

能把 TD 这样的单一市场发展到今天的局面，中国移动功不可没。由于在移动通信领域的创新突破成绩显著，中国移动屡获殊荣：TD-SCDMA 获得国家科学技术进步奖一等奖，TD-LTE 获得国家科技进步奖特等奖。

5G 作为"新基建之首"，已成为经济社会数智化转型的助推器，与各链条各行业融通，为我国"稳经济、保增长"注入强大动能。5G 产业链和4G 产业链相比得到了扩展，5G 不仅要实现人与人之间的通信，而且还要面向垂直行业、全社会提供基础支撑能力。一个划时代的变化已经出现了——"物超人"（移动物联网连接数超过代表"人与人"连接的手机用户数）。作为国家原创技术策源地和现代产业链"链长"，中国移动被寄予厚望、肩负重任。在5G 时代，中国移动实施"5G ＋"战略，加快建设"信息高速公路"，创新运营"信息高铁"，努力构筑"创新高地"，在5G 网络建设及科技创新、信息通信服务、经济社会数智化变革、产业链协同发展等方面加速向前、全面领先，为网络强国、数字中国、智慧社会建设交出了一份满意答卷。

做好"链长"，不仅要追求自己的好成绩，更要领导、带动这个产业链的众多参与者一起发展，通过成就他人来成就自己。"链长"相当于"头雁"，是起领飞作用的，对其他企业不是支配与控制，而是提供连接条件或者技术支撑，组织协同关键共性技术研发、攻关。中国移动带领产业实现重大核心技术及全产业链的群体突破、跨越式发展，将助力我国移动通信行业成为高科技领域具有国际竞争力的行业，为数字经济高质量发展奠定坚实基础。

2022年6月21日，中国移动在北京举办"2022年科技周暨移动信息产业链创新大会"主论坛，同时开启从6月21日到24日的科技周系列活动。

中国移动党组书记、董事长杨杰出席活动并致辞，表示中国移动将系统打造以 5G、算力网络、智慧中台为重点的新型信息基础设施，加快构建"连接＋算力＋能力"的新型信息服务体系，积极担当移动信息现代产业链"链长"，进一步聚合产业链，做强创新链，用好资本链，带动供应链，构筑生态链，提升价值链，更好地发挥拉动投资、促进消费的"扁担效应"，全力打造具有更强的创新力、更高的附加值、更加安全可靠的中国移动信息现代产业链。

也就是说，中国移动将继续积极担当移动信息现代产业链"链长"，在连接移动信息产业上下游的过程中发挥"扁担效应"，处于产业链的关键"连接点"。中国移动信息产业链"内外链动"发展理念的核心是"五个一"方法论，即谋划一套顶层设计，铸强一条创新链，深化一组协同体，构建一批创新载体，夯实一套基础保障。

如果想加入中国移动信息现代产业链，可以关注中国移动发布的产业链创新"十百千万"合作伙伴计划。其将围绕 10 个重点领域，凝聚百家链核企业，带动千家链环企业，吸引万家链生态合作企业，构建龙头企业带动、大中小微企业高效协作、产学研用深度融合的新型产业链协同联动体系。

9.3 区域产业一体化

科技创新产业专家王煜全曾说：现在的投资人要考察一种创新是否有能力落地，甭管你是哪里发展起来的创新，都要看你在深圳是否有办公室。因为深圳聚集着产品需要的供应链上下游资源。无论是屏幕、显卡，还是螺丝钉，供应商一应俱全，响应快速。

2022年9月，先有商务部等8部门推出15个全国第二批供应链创新与应用示范城市；后有工业和信息化部推出12个全国首批产业链供应链生态体系建设试点城市。

全国第二批供应链创新与应用示范城市包括天津、石家庄、包头、哈尔滨、舟山、蚌埠、福州、济南、寿光、郑州、江门、成都、昆明、西安、银川15个城市。再加上于2021年7月公布的首批全国供应链创新与应用示范城市，包括北京、上海、张家港、杭州、宁波、厦门、青岛、武汉、广州、深圳10个城市，一共是25个城市。从分布来看，上述示范城市主要集中在中国三大经济圈（长三角、珠三角、环渤海）、中原经济区、成渝经济圈等城市群。从数量来看，全国各区域入围城市数量相对均衡。

首批产业链供应链生态体系建设试点城市，包括杭州、武汉、成都、宁德、南通、潍坊、合肥、株洲、广州、深圳、包头、齐齐哈尔12个城市。

这 12 个试点城市的共同特点是产业发展基础较好、集群化特征明显，已经集聚了"链长"企业和大量关键配套企业，具有较强的区域带动能力和行业影响力。

深圳、杭州、广州、武汉、成都 5 个城市是为数不多的同时成为供应链创新与应用示范城市和产业链供应链生态体系建设试点城市的城市，它们在供应链产业链的表现是可圈可点的。

比如成都，集聚了集成电路产业链、工业无人机产业链、新能源汽车产业链、航空发动机产业链、新型显示产业链的"链长"企业和大量关键配套企业，具有较强的区域带动能力和行业影响力。其经典案例有中国航空发动机集团有限公司，承担着飞机发动机的生产和研究的重任，与作为成都航空产业重地的新都区一起，携手为成都航空产业链的发展添砖加瓦；由京东方科技集团和京东方精电共同投资的京东方成都车载显示基地项目，已正式投产，标志着成都高新区在打造具有全球影响力的新型显示产业集聚地的进程上又迈出了重要一步。

这种区域产业一体化的优势来自集聚效应。

集聚效应指各种产业和经济活动在空间中集中产生的经济效果及吸引经济活动向一定地区靠近的向心力。集聚效应是一种常见的经济现象，美国硅谷就体现了典型的产业集聚效应，聚集了几十家全球 IT 巨头企业和数不清的中小型高科技公司。

集聚效应有多重要呢？

举一个例子。深圳华强北以高效的硬件生产力与技术创新能力著称，华强北的资源共享形成了华强北的规模效应，也促成了华强北生产供应链的延伸。

2021 年，笔者曾前往合肥参加第五届科大讯飞以"AI 共生·新征程"

为主题的全球1024开发者节（1024这个数字，其实挺有意思的，正好是2的10次方，也是二进制里非常重要的数字，1MB=1024kB，1GB=1024MB。此外，10月24日还是程序员的节日，由此可以看出科大讯飞骨子里的"技术基因"）。人工智能已经成为合肥最具影响力的名片之一，而科大讯飞无疑是合肥在人工智能领域的招牌企业。科大讯飞及其在全球领先的智能语音技术，对合肥人工智能产业的带头作用不容忽视，更是合肥人工智能产业发展的源头。同时，其带动产业链上下游企业"共生、共荣、共享"，形成生态建设体系。寒武纪、云知声等多家著名企业实现语音语义、量子计算、机器视觉、生物识别、深度学习等核心技术的突破，不断壮大中国声谷乘数效应，挺起先进制造"硬脊梁"，形成"芯屏器合"新格局。

再来说一下"科里科气"的合肥。合肥是过去10年里，中国发展最快的城市之一。其2020年的GDP已经超过了1万亿元。支撑这1万亿元GDP的是合肥的世界最大平板显示基地、存储产业基地、中国声谷等科技产业基底。中国声谷，依托科大讯飞打造的合肥智能语音产业集群，2021年实现主营业务收入1378亿元，入园企业达1423家，连续5年产值、企业数量增长率超过30%，"跑"出了惊人的"声谷速度"[31]。

合肥能够快速发展，有3个原因。第一个原因是合肥市政府在产业方面的布局。现在的招商引资拼的不是谁提供的土地多、谁提出的税收优惠力度大，而讲的是产业布局能力、价值发现能力和金融创新能力。第二个原因是合肥有很丰富的科教资源。中国科学技术大学就在合肥，是本土发展的"技术后院"；还有安徽大学等高校也在合肥。第三个原因是众多科技企业为这个城市带来的创新氛围。产业龙头企业发展得好，有助于城市产业"延链、补链、强

---

[31] 人民日报. 我国数字产业集群加速成长［N］.［2022-11-30］.

链"、集聚关键资源、拓宽产业发展空间。除科大讯飞智能语音技术全球领跑外，合肥还有蔚来新能源汽车、打破平板显示行业国际垄断的京东方等。

前述内容介绍过联想旗下刚入选世界"灯塔工厂"的联宝科技，这也是龙头企业构建纵向供应链产业集群的例子。

作为联想全球最大的 PC 研发和制造基地，其鼓励上下游供应商在产业基地周边设厂、扩大投资，形成了一个"4 小时产业圈"。联想合肥产业基地能够在接到全球订单的 4 小时内从原材料仓库调取 2000 多类零配件，并进行自动分拣、运送至计算机主板生产车间。以产业集群为基础，联想带动了一大批中小型供应商、经销商共同成长，其有超过 200 家供应商和 6 万家渠道伙伴是中小企业，其中有 35 家"专精特新"企业，15 家"单项冠军"企业，7 项"单项冠军"产品[32]。

在传统意义上的产业集群中，通过供应链互通进行的分工协作多是一对一的。而现代产业集群的协作方式，更多地会利用数据的流动、互动及人工智能分析，实现研发协同、订单协同、生产协同、质量协同、库存协同及服务协同。要素的自由流动和基础配套设施的一体化，让产业协作变得更加柔性、精准，效率更高。比如可以对关键零部件短缺进行提前预警，主动寻找备用供应商等，帮助产业链供应链稳链、强链。

区域经济的协调发展，本质上是产业的协调发展。全球产业链供应链已经很明显地出现了区域化和本土化的发展趋势。如果上升到国家层面来看区域化和本土化的供应链，关键是要着眼于产业功能互补和产业纵向一体化，着眼于资源配置的优化和共享，形成分工合理、有竞争力的区域产业一体化布局。

区域产业间要打破行政壁垒和地区分割，合作、互补，发挥不同区域的资

---

[32]　中国新闻网. 联想集团：供应商中 35 家是"专精特新"［EB/OL］. ［2022-02-23］.

源禀赋优势，降低生产成本，破解区域产业同构和同质竞争的问题，优化区域产业结构和空间布局，提高产业竞争力，形成具有区域特色的产业链供应链，推进区域产业一体化的协同发展。

9.4　产业升级的全球机会

随着国内企业技术进步和国内外竞争格局的变化，很多企业成功从中国"走出去"了。

中国在2001年加入世界贸易组织（WTO），在那前后的10年，中国被称为"世界工厂"，依靠的是产业链的效能，拼的是强悍的制造能力。海尔、海信、华为、联想等优秀企业走向了海外市场，它们在世界各地建立销售网络，让中国品牌第一次被海外消费者熟知。

随着中国移动互联网的发展，跨境电商行业也得到了高速发展。经过多年积累，中国不仅诞生了多家互联网电商巨头，还构建了完整的行业生态。这也直接影响了中国企业的"出海"路径。

接着，中国开始通过并购的方式，加快进入海外市场。此时发生了多起著名的并购案，比如，2010年，吉利收购沃尔沃汽车的轿车业务；2012年，三一重工收购德国混凝土机械龙头企业普茨迈斯特；2014年，联想收购摩托罗拉的手机业务；2016年，海尔收购通用电气的家电业务；2017年，美的收购德国KUKA机器人等。

运用全球产业链的另一种方式，是带着海外工作经验回国创业，然后再把产品卖到全球，如安克。安克的支架款充电宝、能为计算机充电的充电宝都是很切合用户实际需求的创新产品，颜色也特别漂亮。安克官网介绍，安克创始人阳萌原来是谷歌的高级工程师，因不满中国制造产品在海外被贴上低端、廉价的标签，立志以高品质的中国制造产品，改变外国人对中国制造产品的偏见。阳萌决定回国创业，2011年10月在家乡湖南长沙成立了湖南海翼电子商务有限公司，同时面向全球注册了"Anker"品牌，即安克。"Anker"源自德语，即"锚"，代表着不折不挠、奋勇向前的意志。安克数码配件产品的质量非常好，在海外市场也卖得很好。其用户规模过亿，是亚马逊电商平台上最大的第三方卖家之一。

中国作为经济全球化的重要参与者与推动者之一，不仅拥有巨大的国内消费市场，还在产品制造和供应链端打下了坚实的基础，积累了丰富的经验。这都成为中国企业"出海"的优势和底气。

近几年，中国企业"出海"的新模式表现为供应链式"出海"，即**将整个企业变成全球该领域产业的中台，把产业能力带"出海"。**

2022年9月1日，拼多多的跨境电商平台Temu在美国上线，宣传口号是"Team Up，Price Down"，含义是购买商品的人越多，商品价格越低，这跟拼多多的"拼着买，才便宜"的口号一脉相承。Temu上的大量衣服、鞋子的价格都不超过10美元（1美元≈7.34人民币），在此基础上，还叠加7折优惠。上线没几天，Temu就冲上了苹果商店的购物类App排行榜。9月17日，Temu在谷歌商店的下载量超过了Shein（成立于广州的中国跨境电商巨头）和亚马逊，发展势头很足。

在国内，拼多多被认为是走低价路线的社交电商平台。但其真正的一面是扎根"三农"。从产业角度来看，拼多多是农产品行业的产业中台。依托"农地云拼"等技术创新体系，拼多多直连超过1200万农业生产者，累计带贫人数超百万。2021年2月25日，在全国脱贫攻坚总结表彰大会上，上海寻梦信息技术有限公司（拼多多）作为互联网企业代表，荣获"全国脱贫攻坚先进集体"称号。

拼多多持续完善"拼农货"模式，创新打造"农货智能处理系统"，输入包括各大产区的地理位置、特色产品、成熟周期在内的信息，经由该系统运算后，将各农户提供的各类农产品在成熟周期内匹配给消费者。可以说，拼多多在国内崛起的根本原因是整合了前端的供应链。拼多多平台已催生近千家制造业品牌，积累了丰富的产业带资源，其中很多都是行业优质隐形冠军，拥有走向全球市场的潜能。

同样地，这次拼多多"出海"，不只是推出一个 Temu 海外电商平台这么简单，在 Temu 的背后，是"2022多多出海扶持计划"。该计划为制造业商家"出海"提供一体化服务方案，投入百亿元资源包，首期打造100个"出海"品牌，扶持10000家制造企业直连海外市场 [33]。

在中国由制造业大国向制造业强国迈进的过程中，全球供应链也在加速重构，中国制造业在全球市场中的参与度越来越高，并以更完善的跨境电商基础服务设施连接全球，这也是中国制造产业链更好地参与国际竞争的一种方式。

在全球供应链能力支撑方面，菜鸟也在整合能力。在阿里巴巴2022财年年报中，菜鸟营业收入同比增长27%，主要增长体现在国际物流上，直逼 UPS（美国联合包裹运送服务公司）、FedEx（联邦快递）、DHL（敦豪）这3个老牌巨头企业的营业收入，跻身全球物流行业提名第4名。菜鸟以被国内强大的物流系统"锤炼"出来的网络布局能力，在海外开始飞速发展。其在全球建立了10个分拨中心、6个物流枢纽、100多个跨境仓库，除飞机外，还整合了卡车、火车等不同的运力资源，建立了一张高弹性的网络。

[33]　新京报. 助力中国制造，拼多多启动"2022多多出海扶持计划"［EB/OL］.［2022-09-20］.

在这个基础上，菜鸟整合了阿里巴巴强大的数智化能力，优化物流网络。比如，其有一个功能叫智能合单，即同一个买家于不同时间在不同店铺购买的商品，菜鸟可以在它们进入跨境包机之前把它们合并成一个快递包裹。在这种模式下，菜鸟的寄送速度能快一周，而且费率更低。

2022年7月，菜鸟公布最新业务大图，其中包括3个关键词（数智化、产业化、全球化）和5个业务板块（国内物流与供应链、国际物流与供应链、末端、物流地产、科技）。面向客户和消费者，菜鸟将重点做好5件事，其中有一个重点就是国货"出海"。

中国拥有全球最大的国内统一市场，国内企业更容易具有进行跨区域资源整合的意识和能力。把这种资源整合、打通全链路的能力复制到国外市场，将是现代产业升级的全球机会，也是构建国内国际双循环新发展格局的方法之一。

9.5 推进全链"产融协同"

资金在发展中的作用不言而喻。处在产业链供应链不同位置上的企业，融资难度是不同的。相对而言，大企业凭借自己的规模和信用，更容易从银行申请贷款。

在产业链供应链上，还有很多中小企业。它们的整体实力相对较弱，没有足够的抵押担保物、质押担保物，再加上这些中小企业大多数不是上市公司，不需要对外披露财务情况，很多中小企业甚至没有正规的财务报表，因此银行不能很好地了解企业的运营情况，很难判断风险而放贷。就算中小企业能获得贷款，中小企业的贷款成本也比龙头企业要高很多。

市场的竞争已经从单一企业之间的竞争转向供应链之间的竞争。除了龙头企业，上下游中小企业的发展也必须被纳入考虑框架。

近年新兴起的融资方式，是供应链金融。**科技赋能金融，金融服务产业**。供应链金融连接了产业和金融，本质是引入了数据作为新的生产要素。其常见的模式是订单融资。虽然在传统的银行或者其他金融机构里都存在订单融资业务，但是由于订单融资风险较高，因此在实践中，企业比较难通过这种方式从银行获得资金。订单融资的风险具体表现为资金易被挪用、货物可能生产不出来、产品可能销售不出去、销售出去后回款慢等。产业链中的任何一个环节出现断点，都可能造成融资款偿还失败，所以银行不相信小微企业，不敢为小微企业提供资金。

金融机构可以基于一条或多条供应链数据及产业综合数据，有效、实时掌握供应链上下游不同融资客户的真实经营情况和资金动向，进行交叉验证，从而有效降低获客、风险控制、运营等系列成本，继而通过新型的供应链金融系统为供应链上各个环节的企业提供更高效率、更低利率的金融服务。

这就能解决产业链上的小微企业，尤其是民营企业获得有效资金的问题，有效支撑小微企业急、短、频的用款需求。其业务的本质是在业务全面数字化的基础上、基于大数据风控模型等现代科技手段的金融创新。

中国中化控股有限责任公司（以下简称"中国中化"）旗下的中化资本，为加快产业链上的小微企业"培优、扶强、助长"步伐，创新出全线上、纯信用、随借随还的供应链金融产品"数据订单贷"。"数据订单贷"聚焦服务中国中化核心主业上下游中小微企业客户需求，基于产业链交易数据分析和风险控制模型判断，是由内外部金融机构共同出资向核心企业下游客户发放，专项用于支付核心企业采购订单，无须抵质押担保的纯信用联合贷款产品。

这个产品能应用的关键，是可以通过产业链的龙头企业进行验证，基于行业交易的大数据分析建模和风险评估，以产业数据驱动创新金融服务，为产业链上下游企业订单采购等重点环节引入融资。

截至目前，"数据订单贷"涵盖了化肥、种业、新材料、橡胶轮胎等多行业板块的金融风险控制模型和产品体系，已落地"化塑贷""肥易贷""壹化白条""实华惠易贷""轻松贷"等多款链条产品，业务范围覆盖全国16个省市，累计授信额度超2.6亿元，预计2023年将实现中国中化内部核心企业全覆盖[34]。

---

[34] 中国中化控股有限责任公司. 中化资本：聚焦农业数据链 融资供给融通赋能中小企业 [EB/OL]. [2022-08-02].

从产业发展的角度来看，其立足产业链上下游、大中小企业的多元化金融需求，以深厚的产业实践经验和丰富的产业应用场景，构建融资供给融通模式，以"小快轻准"低成本的产业链供应链协同创新场景，加快推进现代产业链升级。一方面，基于行业真实可信交易大数据，精准评估产业链中小微企业客户风险并合作放款，切实推进解决中小微企业"融资难、融资贵"问题。另一方面，聚焦主责主业推进产融协同创新，推出了更多场景化、综合化的创新金融服务。

还有一种常见模式是仓储质押融资，简单说就是存货融资。企业用货物作为质押，银行最担心的是抵押货物的贬值风险。仓储质押融资一直是产业金融中的发展瓶颈，这主要是由于仓储运营中仓库标准不统一、运营方（监管方）评价不一致、系统标准千差万别、存在多头质押借贷风险等，因此智能监管仓的建设与管理成为仓储业及仓储质押融资发展的关键。

普洛斯金融推出了金融监管仓服务平台——普云仓。其对抵押货物的贬值风险进行评估，建立仓库保存后，再由银行发放贷款。普洛斯金融在中国有将近400个园区，在园区的仓库中有价值万亿元的货物。其基于普洛斯金融以往对于货押货物的管理经验，结合数据风险控制技术、行业特点及新科技，推动了仓储质押融资基础设施建设；利用区块链和物联网技术，以产业与仓库为切入点，牵头建立金融监管仓库体系标准；同时发起企业多头借贷联盟共享借贷信息，建立货押产品登记与查询平台（防止多头质押借贷）；通过创新建设动产融资的基础设施建设及标准业务流程，为中小企业及金融机构服务，推动整个行业规范发展。

除了单一的资金方式，产业链更好的服务方式是**"资金＋数智化"**。

小米在供应链金融方面的布局，是和小米集团投资部一起以投贷联动的方式参与核心企业或平台的交易，然后通过制造执行系统（MES）对接核心企业/平台的 ERP 数据，并训练读取数据的能力，还原这些平台/企业上下游中小微企业的信用情况，进而提供相关的供应链金融服务（比如以项目资产可以带来的预期收益为保证，筹集资金）。也就是说，其不仅为供应链中的参与者提供资金，还帮助平台上下游企业进行产业数智化改造。

2022年7月，笔者前往贵州参访了当地著名的猕猴桃企业"7不够"，如图9-2所示。当地农户签约当地农民果园，运营商提供县域的 VPN 网络，实现了数据无损传输，降低了数据传输成本，解决了农业数据采集不完整的难题。"7不够"耗费上千万元研发大数据物联网可追溯平台，对果园环境数据进行实时监测，通过平台可完成科学指导施肥、除虫等各项事宜，跟踪覆盖猕猴桃生产、加工、销售全流程信息，如图9-3所示。每个果园都有唯一的终身识别码，与二维码、条形码一一对应，实现全流程可追溯。因为绿色种植、科学管理，"7不够"猕猴桃的品质高，收购价格也就相对高。

图9-2　"7不够"修文猕猴桃科技园

在农民资金方面，政府进行牵引。县属国有平台公司修文县农投公司，以"龙头企业＋公司"或"合作社＋种植户"的模式与农户开展合作，打造"7不够"品牌。为当地支柱产业开发了猕猴桃"团结基金"贷款，最大限度地给予种植大户、农民专业合作社信贷支持。

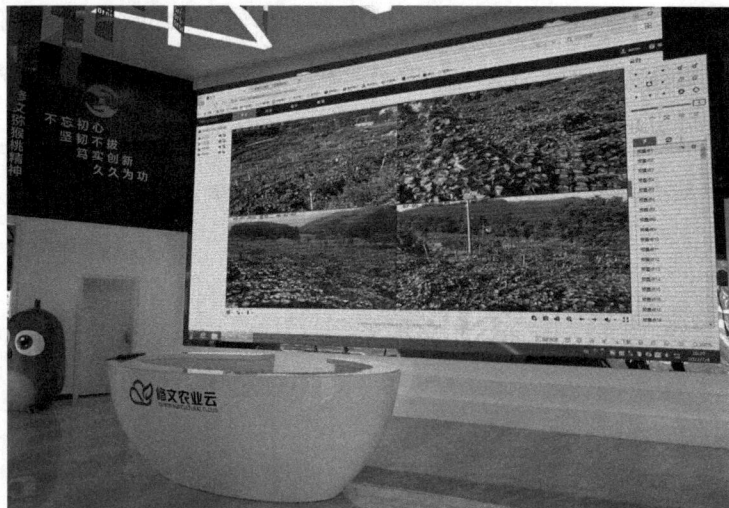

图9-3　修文农业云实时监控画面

县域金融的另一个重要载体是农村信用社。笔者和修文县农村信用社的领导交流，他表示不能因为所在的地方不同，使用的金融服务就不一样。这一点正是普遍服务的意义。农村信用社在各行政村建立的村级金融便民服务点，可通过转账的方式为村民提供取款、转款和查询等金融服务。升级之后的"乡乡通"智能终端，还可以直接在田头办业务，实现了从足不出村到足不出户。针对没有抵押物的村民，农村信用社还提供了独有的贷款方式 —— 农民信用贷。

政府、金融机构与核心实体企业协同推进农业全产业链发展，能够保障种植风险可控，强化乡村振兴金融服务能力。

2022年中央经济工作会议于2022年12月15日至16日在北京举行。会议要求"推动科技—产业—金融良性循环"。这与《中华人民共和国国民经济和社会发展第十四个五年规划和2035年远景目标纲要》提出的"构建实体经济、科技创新、现代金融、人力资源协同发展的现代产业体系"相吻合。

　　"供应链＋金融＋科技"不仅直接带来降本增效的经营价值，而且会因为连接产业互联网而实现产业模式的升级。在该过程中，纵向可以推动产业链供应链的数智化转型，提升效率和韧性；横向可以扩展面向产业生态的金融服务和技术服务能力，打开新的增长空间，实现产业升级。

第10章

10

建设现代化产业体系

目前中国正在"打"的两场"硬仗"，

一场叫"产业升级"，

另一场叫"产业链供应链安全"，

两者互相呼应。

对企业来说，要成为新型实体企业，至少有以下几点需要努力。一是必须掌握和突破核心技术，打造面向未来的竞争力；二是要有新产品、新服务，不断迭代和升级自己的商业模式，更好地满足用户消费升级；三是要能承担社会责任，包括新型人才就业、生态环保、可持续发展等。当然，还必须出现新一代的企业家。具有企业家精神，是成为新型实体企业的重要条件。

一个企业能够发展到什么程度，还是要看有多远大的抱负，要"看得见、走出去"。大企业要加快建设为世界一流企业，小企业仍然可以通过世界一流企业的标杆来提高自己的水平。

10.1　理解世界格局的新视角

理解世界格局的视角是不断迭代的。帕拉格·康纳（Parag Khanna）在《超级版图：全球供应链、超级城市与新商业文明的崛起》一书中论述了这一过程。

20世纪最重要的战争，无一例外都是领土之争。领土代表着生存资源和人口，因此决定了国家实力。地理论代表人物贾雷德·戴蒙德在探讨不同国家迥异的发展轨迹和共性的周期性危机后提出，各族群的历史循着不同的轨迹开展，那是环境而非生物差异造成的[35]。其强调了地理环境对于不同文明发展轨迹的决定性作用。

21世纪初，情况发生了改变。基础设施逐渐取代地理位置的重要地位，"互联互通"决定命运。"全球基础设施的发展正使得世界从割裂走向互联，从民族隔离走向融合。基础设施就像是将地球上一切组织联系在一起的神经系统，资本和代码就是流经神经系统的血细胞[36]。"

比如"一带一路"倡议，致力于亚欧非大陆及附近海洋的互联互通，建立

---

[35] 贾雷德·戴蒙德. 枪炮、病菌与钢铁：人类社会的命运 [M]. 王道还，廖月娟译. 北京：中信出版社，2022.
[36] 帕拉格·康纳著. 超级版图：全球供应链、超级城市与新商业文明的崛起 [M]. 崔传刚，周大昕译. 北京：中信出版社，2016.

和加强沿线各国互联互通伙伴关系，构建全方位、多层次、复合型的互联互通网络，实现沿线各国多元、自主、平衡、可持续的发展。在2022年11月召开的首届"一带一路"供应链峰会上，国际采购与供应管理联盟亚太区主席、中国物流与采购联合会副会长蔡进指出："一带一路"本质是对全球产业链供应链的一种重构，推动形成更加包容开放、高效有序、安全韧性和互利共赢的全球供应链体系，促进更加均衡、公平的全球化发展。

再进一步，在基础设施之上，更重要的是谁在使用领土上的资源，或者说是谁能对领土上的资源进行整合、输送。帕拉格·康纳提出他的核心观点：全球供应链的竞争，取代了之前各国之间的军事和领土的竞争，成为新的竞争焦点。他说，相比国家，供应链是一种更深层次的组织力量。

社会之所以变迁，很大程度上是因为分化。

帕森斯将分化定义为：一个社会系统中的一个单位或结构分成两个以上的单位或结构，其特点和功能意义与原来不同[37]。并把它作为社会系统发生变化的开端。帕森斯认为，现代社会是分化过程带来的进化的社会体系，社会系统分化越复杂，就越具有现代性，因而持续的科技创新能力能进一步推动经济发展，经济持续增长。

社会分化带来社会分工，带来生产效率的跨越式提升。20世纪90年代初，大型制造业企业在全球多个国家设立子公司，在全球范围内布局研发、生产、运输。任何企业要在全球范围内快速交付商品和服务，都需要一个全球供应链来提供保障，使组织不仅能够交付商品和服务，还能确保在当地市场进行反应。全球产业链相互交织成一张紧密的协作网。

如果上升到文明进化的高度来说，身处时代的洪流之中，如何看待世界经

---

[37]　赵立玮.塔尔科特·帕森斯："一位不可救药的理论家"［J］.社会理论, 2007（1）.

济秩序的演变及当前的状态？中国要如何自处，如何看待自身的历史与文化？许倬云在《万古江河》中写道：每一个阶段，中国都要面对别的族群及其缔造的文化，经过不断接触与交流，或迎或拒，终于改变了"自己"，也改变了邻居族群的文化，甚至"自己"还与"别人"融合为一个新的"自己"。

当下中国正处于百年未有之大变局中，**我们要用世界眼光来理解中国。**

聚焦产业链供应链，一个国家的产业链供应链，是在全球产业链供应链体系中的、于国内外市场体现出来的现在与未来发展潜力的总和，是一个国家组织与管理体系所集中体现出来的对资源的控制能力和对市场的服务能力。

目前中国正在"打"的两场"硬仗"，**一场叫"产业升级"，另一场叫"产业链供应链安全"**，两者互相呼应。

中国共产党第十九次全国代表大会报告首次提出了"现代供应链"，并将其作为建设现代化经济体系的"新增长点""新动能"。中国共产党第十九届中央委员会第五次全体会议提出"要提升产业链供应链现代化水平""推进产业基础高级化、产业链现代化，提高经济质量效益和核心竞争力"。

在《中华人民共和国国民经济和社会发展第十四个五年规划和2035年远景目标纲要》中有13处提到供应链，明确要求要"……分行业做好供应链战略设计和精准施策，形成具有更强创新力、更高附加值、更安全可靠的产业链供应链"，中国共产党第二十次全国代表大会报告明确："着力提升产业链供应链韧性和安全水平。"

这是产业链供应链的发展方向。

10.2　助力实体经济发展的新企业形态

实体经济，可以说是最原始的经济形式，是经济中最为传统的组成部分。这是一国经济的立身之本，也是财富创造的根本源泉，是国家强盛的重要支柱。

随着技术的发展，孕育出新的经济形态。在第三次工业革命之后，新一代信息技术出现，互联网带动了新的发展，而这种与实体经济相对的形式，被称为虚拟经济。

有一种观点认为，互联网所代表的虚拟经济和实体经济存在于不同的产业领域，有着不一样的发展方向，双方是此消彼长、相互对立的；还担忧这两年对互联网平台企业"脱虚向实"的治理，可能"误伤"其创新力。

阿里巴巴被大众认为是虚拟经济的代表企业。央视《对话》栏目就2023年中国发展前景访谈阿里巴巴时任董事局主席张勇。张勇认为，2023年最大的发展机遇在于扎根实体经济，促进实体经济和数字经济的高度融合。

迈向中国式现代化新征程，需要产业现代化。产业现代化内涵的延伸、细化，就是"产业链现代化"。其实质是用当代科学技术和先进产业组织方式来武装、改造传统的产业链，使产业链具备高端链接能力、自主可控能力和领先于全球市场的竞争力水平 [38]。

在这样的时代背景下，企业既要高速发展，又要对行业、社会赋能，因此，服务于中国式现代化的"新型实体企业"崛起。

新型实体企业是指通过技术创新，获得不可替代的、独特的数字能力，从而有效提高整个供应链效率，并带动供应链上下游的企业实现数字化转型和网络化、智慧化发展的实体企业 [39]。

2022年11月27日，中国企业评价协会以数实融合为主线，在中国企业家博鳌论坛（线上）发布了"2022新型实体企业100强"榜单。其中，国家电网、京东、华为位居前三，京东方、工业富联、海尔智家、比亚迪、美的、小米、百度等企业则在前十之列 [40]。

这个榜单为很多企业家、行业专家提供了信心、提示了方向：**互联网经济和实体经济不是对立的。**

在数实融合的大潮下，在中国经济的新发展阶段，一个"优秀企业"的样子是兼具数字经济与实体经济两方面优势。其可以是原来依托互联网"起家"的众多新兴产业领域企业，也可以是传统行业的推进数智化转型升级后的领先企业。这些企业手握数字化、智能化技能，再兼具实体企业的属性，能更深入理解、精准把握数字经济的发展脉搏，在助力构建新发展格局中发挥重要价值。

京东常被认为是电商平台，它在榜单中排名第二，仅次于国家电网。2022年11月，刘强东在给全体员工的邮件中宣布，京东高管集体降薪，给所有员

---

[38] 光明日报. 如何理解产业基础高级化和产业链现代化 [EB/OL]. [2020-02-04].

[39] 新华网. "以实助实"嘉宾热议何为"新型实体企业" [EB/OL]. [2021-09-26].

[40] 具体榜单与评价标准可以参看中国企业评价协会官方网站发布的《2022新型实体企业100强榜单发布，国家电网、京东、华为位居前三》。

工交五险一金！他在这封邮件中提到京东员工的规模，"在成功合并德邦之后，京东体系的员工总数已经突破了54万"，并表示"相信未来京东可以为国家和社会直接带来超过100万个就业岗位[41]。"这对于稳就业有着多么大的意义！

这是京东的"实体性"的重要体现之一，它之所以能够入选新型实体企业，更在于其在自身科技创新的同时对外输出数字技术、智能服务，致力于成为助力千行百业生产技术升级、经营效率提升的"数智底座"。

对企业来说，要成为新型实体企业，至少有以下几点需要努力。

一是必须掌握和突破核心技术，打造面向未来的竞争力；二是要有新产品、新服务，不断迭代和升级自己的商业模式，更好地满足用户消费升级；三是要能承担社会责任，包括新型人才就业、生态环保、可持续发展等。当然，还必须出现新一代的企业家。具有企业家精神，是成为新型实体企业的重要条件。

新型实体企业实际上就是新一代中国企业在助力实体经济发展的一种新形态。"新型实体企业"的出现不仅代表着实体企业的高速发展，更起着引领实体经济发展的作用。

---

[41]　北京日报. 京东高管降薪提升基层员工待遇［EB/OL］.［2021-09-26］.

10.3 以世界一流企业带动产业发展

现代化国家需要一批世界一流企业。

中国共产党第十九次全国代表大会报告提出"培育具有全球竞争力的世界一流企业",中国共产党第二十次全国代表大会报告提出"要加快建设世界一流企业"。

从"培育"到"加快建设",一方面,体现了加快建设世界一流企业的战略紧迫性,全面建设社会主义现代化国家的新征程,需要一批引领全球科技和行业产业发展的世界一流企业作为支撑;另一方面,也表明我国建设世界一流企业已经具备了一定的基础,我国企业的全球影响力和竞争力不断提升,越来越多的企业将要或正在迈入世界一流企业行列。

世界一流企业到底应该是什么样?

2022年2月28日,中央全面深化改革委员会第二十四次会议审议通过《关于加快建设世界一流企业的指导意见》,明确提出要"加快建设一批产品卓越、品牌卓著、创新领先、治理现代的世界一流企业",在全面建设社会主义现代化国家、实现第二个百年奋斗目标进程中实现更大发展、发挥更大作用。

产品卓越、品牌卓著、创新领先和治理现代,这就是企业向世界一流企业成长的方向。

1.深入行业市场，做强主业

世界一流企业应该是主业突出的企业，要坚持专业主义、长期主义，把产品做好，把服务做好，踏踏实实地把主业做好，把行业做强。

特别是国有企业，要聚焦主责主业和自身发展定位，将主责作为企业长远发展的根本，将主业作为壮大企业发展的基石。国有企业还要从非主业领域、缺乏竞争优势的领域及一般产业的低端环节有序退出，向重要行业、关键领域和重点基础设施集中，通过主动与世界一流企业开展产品竞争和服务竞争，在优胜劣汰和有序进退中壮大企业规模，敢于通过与强者竞争提升自身能力。

华润围绕主责主业优化布局，对符合企业发展方向、发展潜力巨大的业务，要做大规模、做强竞争力；对具有战略意义的科创业务，要兼顾盈利和中央企业责任；在服务国家区域战略中发挥辐射带动作用。华润重视区域布局与产业布局相协调，以重点项目为抓手，创造产业链区域布局协同优势，拓展新市场，带动相关业务。

国家能源集团提出巩固领先产业竞争优势，引领全球行业发展，主要针对煤炭、火电、风电和煤制油化工产业，这些产业在全球产业发展中具有一定的话语权和影响力。

企业"做强主业"的重要评价标准，是能带动整个产业发展，提高其在全球产业链供应链中的地位，保障我国产业链供应链的安全稳定。

中国中化聚焦主业优化布局，加快化工新材料产业补短板。近3年来，企业投资支出重点向综合性化工领域倾斜，从化工产业和技术逻辑出发，推动业务布局一体化、园区化发展，着力打造泉州、东营、连云港、聊城四大一体化产业基地，强化业务上下游协同发展，重点发展10条优势产业链和5条潜力产业链。目前，中国中化已在中化国际碳三产业链、芳纶等一批重点项目上取得突破性进展，助力保障我国产业链供应链的安全稳定。

2. 纳入企业战略一体推进

能否真正找到世界一流的制高点，取决于世界版图的差异。

上海浦东在1990年4月党中央、国务院批准开发开放之初，还只是一些人眼中的"烂泥渡"，当时管委会制定的发展版图就是全球化。那时的管委会食堂里贴了一幅标语"在地球仪旁思考浦东开发"，提醒大家在世界大格局中谋划浦东工作。

落实到企业，就是要先有世界一流的版图后再行动。中国建材集团树立了一个目标，要成为全球规模最大的建材企业。而要成为全球规模最大的建材企业，仅在装饰材料行业很难实现，因此其进入了水泥行业。

真正的大战略，不是研究机会，而是研究周期。有大历史观、大时代观，才有可能跨越周期。真正的世界一流企业，应当是在人类文明发展中作出贡献、在社会进步中留下历史印记的企业。

在国务院国有资产监督管理委员会选定的10家创建世界一流示范企业名单中，中国移动是信息通信业唯一入选的企业。经过20年的发展，中国移动已经是全球网络规模最大、客户数量最多的世界级电信运营企业之一。聚焦信息服务发展主航道，中国移动顺应信息和能量融合创新的发展大势，进一步明确了"世界一流信息服务科技创新公司"的发展定位。中国移动借鉴中国古代建筑"顶、梁、柱、台、基、枋"的结构，创新提出创世界一流"力量大厦"的发展战略。

为拓展信息服务空间，中国移动提出一体发力"两个新型"。一个是系统打造以5G、算力网络、能力中台等为重点的新型信息基础设施，筑牢信息高效流动的底座；另一个是创新构建"连接＋算力＋能力"新型信息服务体系，丰富信息融合应用的场景。

可以预计，在数实融合的发展大趋势下，更多产业在转型。中国移动推动信息能量融合创新释放更大效能，推动中国的制造业、现代工业、高端工业向新型实体经济转变，推动产业现代化升级。

3.围绕产业链布局创新链

我国企业经过多年发展，取得了令人瞩目的成就，已经有了很好的基础，但困难也是显而易见的。比如，竞争对手渐趋集中、竞争强度不断增加、竞争源头越来越聚焦规则领域，特别是核心技术知识产权和规则制定类国际话语权竞争愈演愈烈。

企业的增长是因为有了技术创新、产品创新、服务创新，开创了新的市场、新的用户需求，带动了产业链的整体创新。这正是世界一流企业的核心内涵之一，世界一流企业能够在某一产业中形成强大的"链长"优势，在优化产业结构中发挥引领者作用，以提升企业在全球经济社会网络中的地位和影响力。

中国移动发挥原创技术策源地引领作用，强化基础性、前沿性研究，勇担国家重大科研项目、重大产品研发和关键核心技术攻关的责任，通过"补链、强链"，加速推进产业协同，提升对产业链核心环节和关键领域的掌控力。主导推进了 5G 网络需求和架构、5G 行业专网等多个技术方向的标准化工作，发布了"5G 之花"5G 标准的基本需求构架，是 IMT-2020（5G）技术和标准体系的主要倡导者和建设者。中国移动在 3GPP/ITU 等国际标准组织累计牵头 5G 国际标准项目 156 个，主导 R17 关键领域标准制定；累计申请 5G 专利超 3600

件，专利储备量稳居全球电信运营商第一阵营。

在构建产业生态圈方面，中国移动推动成立全球首个5G联合创新中心，设立28个区域实验室及七大行业联盟，与清华大学、北京邮电大学、东南大学等12所高校成立联合创新载体，汇聚1400家产业合作伙伴，开放了企业市场和应用场景，促进了产学研融合，提升了产业链协同发展能力。

科技创新能力是世界一流企业的一项重要指征。航天科技发挥航天技术策源地引领作用，推动中国航天由"跟跑"向"并跑""领跑"转变，运载火箭升级换代稳步推进，长征五号、长征五号B、长征七号、长征七号A、长征八号等新一代火箭投入使用，大幅提升了我国进入空间站的能力。

中国中车聚焦技术发展瓶颈问题，勇担国家重大科研项目、重大产品研发和关键核心技术攻关的责任，以高速动车组为代表的轨道交通装备整体技术达到国际先进水平，部分指标达到国际领先水平。

4.提升治理能力现代化水平

有了世界版图（企业愿景）、战略目标，还需要进行业务选择和资源配置，以组织力量做好中长期战略和短期目标、年度计划衔接，让"世界一流企业"战略能真正落地实施。

仍以中国移动为例。为保障创世界一流"力量大厦"发展战略实施，中国移动围绕"两个新型"持续开展组织结构变革，构建协同高效的"管战建"运营管理体系。这是一个在拓展信息服务实践中形成的、行之有效的治理模式和工作体系。

这件事有多重要呢？在2023年中国移动工作会议上，中国移动两位主要领导都在报告里提到了这个机制。这已经是中国移动集团领导第4年在年度工作会议上强调这项工作了。"管战建"运营管理体系协同已成为中国移动特色现代企业管理体系，其正在推动提升公司治理体系和治理能力的现代化水平。

中国移动集团总部是构建"管战建"运营管理体系的龙头，统筹指挥全局，发挥战略引领作用，立目标、定政策、分资源、抓考核，深化运营管理体系改革，优化资源配置和内部结算，完善以利益分配、评价体系和服务契约为纽带的协同机制。承担起人才培养、干部梯队建设、核心技术储备等中长期建设职责，是全集团协同运转的中枢。

专业机构的职责是"主建助战"，按照自身主责主业的功能定位和发展方向，集中精力打造具备市场竞争力的产品，高效支撑区域生产运营、服务区域市场拓展。对其关键考核应聚焦在主建能力最终有没有用。考核又被分为业务价值层面和战略价值层面。战略价值有可能今年用不上，甚至有可能近几年都用不上，但一定要有这种中长期建设。

区域公司应"善战兴建"，深耕区域市场，灵活调用专业机构的产品、资源、能力，面向本地客户开展产品销售和服务交付。对其评估聚焦两方面，一方面是竞争要赢，另一方面是成本，对资源的使用不能过度。

"管建战"，有梯度、有协同。中国移动的中短期业务突破和中长期资源建设，彼此既分离又协同，区域公司带兵打仗的业务团队冲向市场的最前沿；专业机构又有中长期的资源建设，让企业拥有更大的容纳性和更强的抗风险能力。不断向产业的最深处扎根，让这个组织树大根深。

那是不是只有国有企业才有机会创新世界一流企业呢？

2022年6月，山东省委省政府印发的《关于国有企业创新驱动高质量发展的十条意见》提出，力争到2025年打造5家左右世界一流企业、15家左右行业一流企业。

在2022年的《财富》世界500强企业中，共有39家地方国有企业入围。

举其中的几个例子：山东高速集团由两家省属企业合并而成；蜀道投资集团由四川省交通投资集团、四川省铁路产业投资集团重组而成；中泰集团的前身是新疆烧碱厂，2020年，新疆粮油集团整体划归中泰集团。随着大范围的重组，各省国有企业按主业集中到一个头部企业中，按行业分别集中到一个企业中去。而这些企业将成为奔向"世界一流企业"的新主力军。

有企业认为"世界一流企业"离自己太远了。张謇有一句话：一个人办一县事，要有一省的眼光；办一省事，要有一国的眼光；办一国事，要有世界的眼光[42]。一个企业能够发展到什么程度，要看有多远大的抱负，要"看得见、走出去"。大企业要加快建设为世界一流企业，小企业仍然可以通过世界一流企业的标杆来提高自己的水平。

---

[42] 新华社. 重温"张謇精神"［EB/OL］.［2018-11-16］.

10.4 夯实构建"双循环"的基础

在2020年年底召开的中央经济工作会议上，关于2021年8项重点工作中的第2项提出："增强产业链供应链自主可控能力。产业链供应链安全稳定是构建新发展格局的基础。"

什么是新发展格局？《中共中央关于制定国民经济和社会发展第十四个五年规划和二〇三五年远景目标的建议》明确提出：要加快构建以国内大循环为主体、国内国际双循环相互促进的新发展格局。

国家发展和改革委员会在官网明确提出：以国内大循环为主体、国内国际双循环相互促进的新发展格局，是积极应对国内外形势变化的主动选择，是充分发挥我国超大规模市场优势的内在要求，是坚持深化改革开放的国内国际双循环相互促进的统一体。

当前中国经济已经进入新发展阶段，全面贯彻创新、协调、绿色、开放、共享的新发展理念，加快构建以国内大循环为主体，国内国际双循环相互促进的新发展格局是推进中国式现代化的必要条件和必经之路。

1.重点是增强产业链供应链自主可控能力

如果涉及民生及国家命脉的产业链供应链不能自主可控，一旦被发达国家限制发展，就有可能让整个经济社会的发展处于不安全的境地。

在外部环境面临的"安全风险与挑战"之下，我国的目标是经济循环不能有短板。经济的安全主要体现在粮食要安全、能源资源要安全和重要产业链供应链要安全。其中重要产业链供应链的安全是最核心的。

要尽量缩短产业链供应链，更多地在国内进行配置。以新能源为例，新能源要是自主可供的能源，要布局在本国国土上。

打好关键核心技术攻坚战，"既要补短板，也要锻长板"是有效应对外部限制、打压和不确定、不稳定风险的关键举措，也是提升产业链供应链自主可控能力的迫切要求。

2.以自身稳定发展有效应对外部风险挑战

2022年12月，国家发展和改革委员会印发《"十四五"扩大内需战略实施方案》。其中对于经济内循环指导思想指出：坚持以供给侧结构性改革为主线，统筹疫情防控和经济社会发展，统筹发展和安全，牢牢把握扩大内需这个战略基点，加快培育完整内需体系，加强需求侧管理，以创新驱动、高质量供给引领和创造新需求，促进供需在更高水平上实现动态平衡；坚定不移用改革的办法释放和激发市场潜力，实施更高水平对外开放，促进形成强大国内市场，着力畅通国内经济大循环，促进国内国际双循环良性互动，为"十四五"时期经济社会平稳健康发展提供强劲动力和坚实支撑。

实施扩大内需战略和产业转型升级，保持产业链供应链安全稳定，二者是有机结合的。要努力提高产品和服务供给质量，大力培育发展新兴产业，以高质量供给引领新需求、创造新消费，加快培育完整内需体系，不断提升供给体系对国内需求的适配性，持续增强产业链供应链竞争优势。

3.统一的国内市场将赢得更多全球市场

"以国内大循环为主体"并不意味着要"关上国门搞自给自足的经济"。国内大循环不是封闭的单循环，而是以畅通的国内大循环为基础，实现国内国际市场相通、互动。通过建设统一大市场，为高质量发展提供环境，让真正的竞争力有机会释放出来，只有这样，才有可能"拿下"新的国际经济循环。

我国早已深度融入全球产业循环体系。国内产业链供应链的安全稳定，将有助于提高中国产品的全球竞争力。要在坚定实施扩大内需战略的基础上，加快建设更高水平的开放型经济新体制，抓住全球产业结构和布局调整过程中孕育的新机遇，在开放合作中打造更强创新力、更高附加值的产业链供应链，形成国际合作和竞争新优势。

4.数智化转型赋能国内国际双循环畅通

中国产业正不断向高端价值链攀升，数智化转型促进机器之间、企业之间、城乡区域之间、产业之间的互联互通。企业对需求、生产、销售等情况进行获取、监测、预警，有效保障供应链完整，提高要素配置效率，进一步激发大众创造力和市场活力，释放出巨大的需求潜力。

国内供应链向国际延展，为企业开辟了国际多元化的营销和供应渠道，提高了国内企业国际合作的主动性。区块链等技术的应用，提升了对国际供应链的掌控能力，发挥了稳定国际供应链的关键作用。